Walter Eisele

Große Erfolge für kleine Firmen

Walter Eisele

Große Erfolge für kleine Firmen

Geheimnisse erfolgreicher Unternehmensführung

Bloggingbooks

Impressum / Imprint
Bibliografische Information der Deutschen Nationalbibliothek: Die Deutsche Nationalbibliothek verzeichnet diese Publikation in der Deutschen Nationalbibliografie; detaillierte bibliografische Daten sind im Internet über http://dnb.d-nb.de abrufbar.

Bibliographic information published by the Deutsche Nationalbibliothek: The Deutsche Nationalbibliothek lists this publication in the Deutsche Nationalbibliografie; detailed bibliographic data are available in the Internet at http://dnb.d-nb.de.

Coverbild / Cover image: www.ingimage.com

Verlag / Publisher:
Bloggingbooks
ist ein Imprint der / is a trademark of
AV Akademikerverlag GmbH & Co. KG
Heinrich-Böcking-Str. 6-8, 66121 Saarbrücken, Deutschland / Germany
Email: info@bloggingbooks.de

Herstellung: siehe letzte Seite /
Printed at: see last page
ISBN: 978-3-8417-7093-6

Inhaltsverzeichnis

Vorwort....................3
Unternehmensführung: Zielsetzung....................5
Warum erleben wir Erfolg oder Misserfolg?....................7
Wie Sie sich selbst überlisten und neue Lösungen finden....................8
Welche Glaubenssätze und Überzeugungen hemmen die positive Entwicklung?....................9
Ruhe und Entspannung bringen bessere Ideen....................14
Was ich von Wolfgang Mewes dem Begründer der Engpass konzentrierten Führungs- und Verhaltenslehre als Existenzgründer gelernt habe....................15
Entwicklung oder Verbesserung der eigenen Unternehmens-Strategie....................19
Aufbau von strategischem Nutzen-Marketing-Konzept....................21
Auftragsakquise und Neukundengewinnung....................23
Fallbeispiel: Erfolgreicher neue Kunden gewinnen als Bauunternehmer....................29
Fallbeispiel: regionales online Kunden-Sog-System als Finanz- und Versicherungsmakler....................34
Die 10 Stufen der Neukundengewinnung bei klein- und mittelständischen Unternehmen (KMU)....................37
Verkaufstraining bringt bessere Abschlussquoten für Verkäufer....................41
Geld vom Staat ohne Rückzahlung für Existenzgründer und klein- & mittelständische Unternehmen....................46
Zuschüsse für kleine und mittelständische Unternehmen....................47
Firmenengpässe frühzeitig erkennen....................52
Mit sieben Schritten zu Neukunden in schwierigen Zeiten – Internet-Akquise-System für Unternehmen/Handwerksbetriebe....................53
Das Geheimnis von verkaufsstarken Firmen-Webseiten....................57
Gesetzgeber-Unsinn – Ende des BDSG-Ultimatums zum 31.08.2012 für Unternehmer....................61

XING-Profil Kommunikation im Wandel der Zeit – Xing als Instrument zur Vertriebsanbahnung....64
Werbung im Internet zur Neukundengewinnung erfolgreich machen, statt Dauerhafter Geldvernichtung....69
Online-Kredit für Selbstständige von privat....73

Vorwort

Liebe Leserin, lieber Leser,

es gibt kaum noch revolutionäres neues Wissen im Bereich von Strategie und Marketing. Das Angebot an Büchern, Videos, Seminaren und im Internet ist sehr groß.

Der große Engpass, vor allem bei mittelständischen Unternehmen, ist das Umsetzen von Neuem generell, bzw. auch der Einsatz von erfolgreichen Methoden in Marketing und Verkauf.

Wem ist es noch nicht so ergangen, dass er durch die Lektüre eines Buches, den Besuch eines Seminars oder einer eigenen Idee super motiviert mit der Umsetzung begonnen hat. Nicht lange hat es dann gedauert bis der Nebel des Tagesgeschäfts die neue Idee erst eingehüllt und dann ganz vernebelt hat.

Wenn man es jedoch gegen alle Widerstände geschafft hat, eine Idee umzusetzen, ist leider der Erfolg ausgeblieben.

Es sind also Strategien und Rezepte nötig, die sich bereits bewährt haben und die funktionieren. Aus welchem Grund sollten Sie das Rad zum zweiten Mal erfinden?

In dem Ihnen nun vorliegenden Buch veröffentliche ich zum ersten Mal erprobte Maßnahmen aus der Praxis unserer Beratungsarbeit in mittelständischen Unternehmen verschiedener Branchen in Buchform

.

Die Texte stammen fast ausschließlich aus meinem 2012 überarbeiteten Blog www.unternehmer-tipps.eu . Den Blog habe ich bereits 2009 ins Internet gestellt, um dort allen Interessierten Personen die Möglichkeit zu geben, wertvolle Informationen zu allen Themen der Unternehmensführung zu erhalten. Zusätzlich bietet der Blog die Möglichkeit, untereinander zu kommunizieren.

Ein Ziel von mir ist, dass durch dieses Buch vor allem die jungen Menschen, die den Sprung in die Selbstständigkeit wagen, eine direkte Hilfe bekommen. Als ich mich Mitte der der 80er Jahre des letzten Jahrhunderts selbstständig gemacht habe, hatte ich zwar sehr gute Ausbildungen genossen. Jedoch kamen mit der Führung eines kleinen Großhandels-Unternehmens viele Fragen auf mich zu. Die Antworten habe ich sehr kosten- und zeitintensiv in vielen Büchern, zahlreichen Seminaren und bei Unternehmensberatern dann auch nach und nach gefunden.

Zu dieser Zeit habe ich mir immer einen Mentor gewünscht, an den ich mich mit meinen Fragen hätte wenden können. Aber irgendwie habe ich nicht den richtigen kompetenten Ansprechpartner gefunden.

Heute ist das alles anders, weil man im Internet ja fast alles recherchieren kann. Aber eben nicht alles. In den Artikeln des Buches bzw. im Blog ist das jedoch anders. Ich lasse Sie in mein „Nähkästchen" schauen. Und wer sich etwas Zeit nimmt und genau liest, findet viele praxiserprobte Antworten auf vielfältige Fragen der Unternehmensführung.

Dabei bin ich natürlich auch parteiisch. Viele Artikel drehen sich immer wieder um die Themen Ziele, Strategie, Internet und um das Kunden-Sog-System. Diese Wiederholungen sind wichtig, um das richtige Verständnis zu bekommen, damit man dann für sich selbst erfolgreich in Aktion kommt.

Das Kunden-Sog-System ist ein Strategie- und Marketingkonzept, welches speziell in klein- und mittelständischen Betrieben aus verschiedenen Branchen sehr erfolgreich eingesetzt wird.

Mit diesem Buch möchte ich aber auch Mut und Zuversicht für alle geben, die sich selbstständig machen wollen oder bereits selbstständig sind, damit sie Wege finden, ihr Unternehmen erfolgreich in die Zukunft zu führen, um Arbeitsplätze zu sichern und um neue Arbeitsplätze zu schaffen.

Ein besonderes Anliegen ist mir auch der mentale Bereich. Aus diesem Grund werden Themen wie Zielsetzung, Erfolg, Misserfolg behandelt und es wird eine Methode detailliert vorgestellt, wie man hinderliche Überzeugungen und Glaubessätze innerhalb kürzester Zeit verändern kann.

Ich bin gespannt, was dieses Buch bewegen wird, weil es ja auch über das Internet verbreitet wird und über Amazon, Kindle und Apple auch als E-Book erhältlich ist. Schließen Sie den Kreis, in dem Sie Kommentare auf dem Blog www.unternehmer-tipps.eu schreiben, und so auch mit anderen Existenzgründern oder Unternehmen in Kontakt treten können und sehen Sie in mir möglicherweise einen Mentor für Ihre Fragen zur Unternehmensführung.

Viel Spaß, höhere Unternehmensgewinne und viele Anregungen beim Lesen wünscht Ihnen

Walter Eisele

Unternehmensführung: Zielsetzung

Neue Kunden zu gewinnen erweist sich in den meisten Märkten als schwierige und kostspielige Aufgabe. Erfolgreich sind diejenigen die alle Schritte zielgerichtet in der Unternehmensführung strategisch aufeinander abstimmen.

Sie werden es nicht glauben, aber auch in meinem engsten Umkreis gab es bis vor kurzem einen Menschen der auch ohne konkret festgelegten Ziele immer sehr erfolgreich war. Der Preis dafür: übernervös, bis zu 13-14 Std. Arbeitstag, die meiste Zeit entweder an Telefon oder auf der Autobahn verbracht hatte und natürlich die Familie und seine Gesundheit litten darunter. Ergebnis "Bourn Out" fast 2 Jahre Klinikaufenthalt. Vor seinem Zusammenbruch kannte er nur eines "Erfolg, Erfolg und noch mal Erfolg", keine Zeit für schriftlich festgelegte Ziele. Während der Klinikzeit hatte er ja sehr viel Zeit sich mit mir mal über seine Zukunftsziele und Unternehmensführung zu unterhalten. Jetzt inzwischen 1 Jahr nach seinem Klinikaufenthalt ist er zwar wieder sehr erfolgreich, aber mit Strategie. Anfangs fiel es ihm noch sehr schwer alte Gewohnheiten abzulegen, sich kurzfristige-, mittelfristige- und langfristige Ziele zu setzen und sich auch daran zu halten. Rückschläge werden immer wieder kommen und sind ein Teil von der persönlichen Entwicklung eines Menschen. Wichtig ist nur nicht zu verzagen und an seinen Ziele arbeiten.

Die Frage ist nur, muss es überhaupt so weit kommen? Sicherlich nicht! Sie können auch nur mit 5 Std. Arbeit am Tag sehr erfolgreich sein, indem Sie effektiv Ihre Ziele jeden Tag abarbeiten und dafür viel mehr Zeit für sich und Ihrer Familie haben.

Lernen Sie die hohe Schule der persönlichen Selbstentfaltung und Selbstverantwortung kennen. Um alt eingefahrene Gleise verlassen zu können, müssen Sie erst neue Wege kennen lernen. Hierfür können Sie Unmengen von theoretischen Bücher verschlingen, hilfreicher sind jedoch Arbeitsbücher womit Sie Schritt für Schritt lernen Ihre kurz-, mittel- und langfristige Ziele schriftlich festzulegen und zu kontrollieren.

Warum erleben wir Erfolg oder Misserfolg?

Werte, Überzeugungen, Gefühle, Gedanken, Wünsche und Sehnsüchte werden durch Ereignisse im täglichen Leben ob Privat-, im Berufsleben, in der Unternehmensführung oder auch beim Verkauf gespiegelt.

Die Ereignisse sind der Spiegel für

Werte:	z. B. Partnerschaft, Treue,....
Überzeugungen:	z. B. das funktioniert bei uns nicht, ...
Gefühle:	z. B. Angst, Wut, Freude .....
Gedanken:	z. B. Geld macht nicht glücklich, ...
Wünsche und Sehnsüchte:	z. B. Anerkennung Reichtum, Freiheit, Geborgenheit....

Der Mensch lebt nicht nur in seinem Körper sondern auch in den Ereignissen die ihm wiederfahren.

Ich erlebe was ich denke

Wo muss der Schwerpunkt der Gedanken sein?
Ohne Wünsche und Ziele gibt es keine bessere Realität.

Wahrnehmung (Konzentration) ist zugleich Sender und Empfänger.
Der Schwerpunkt der Gedanken soll auf dem liegen, was man sich wünscht

Ängste und Zweifel lähmen.

Wie Sie sich selbst überlisten und neue Lösungen finden

Unsere Wahrnehmungsbrille lässt es nicht zu die Dinge anders zu sehen, demzufolge sind unsere Entscheidungen und Ergebnisse immer gleich.

Solange das alte Denkmuster besteht, lässt das Gehirn keine neue Denkweise zu.

Durch Kreativität und Intuition werden neue Muster geschaffen

Gefühle werden durch unsere Wahrnehmungsbrille bewusst und unbewusst ausgelöst:

- Verlustangst
- Existenzangst
- Zukunftsangst
- Angst vor Krankheit
- Angst vor falschen Entscheidungen

Gefühle sind Ausdrücke von Überzeugungen und Glaubenssätzen

Welche Glaubenssätze und Überzeugungen hemmen die positive Entwicklung?

Probleme im Leben haben als Ursache immer einen Glaubenssatz mit dem diese verursacht werden.

Dieser Glaubenssatz muss gefunden und umgewandelt werden.

Glaubenssatz >> Überzeugung >> Gefühl >> Ereignis >> wir erleben was wir glauben

Beispiel: Die Zeiten sind schlecht	Verkaufen ist schwer	Angst	kein Verkauf	Misserfolg
Es wird nicht einfach werden	Ich schaffe es	Zuver-sicht	häufiger Verkauf	Erfolg
Es ist schwer gute Verkäufer zu finden	Verkäufer taugen nichts	Dess-illusion	keine aktive Verkäufer-suche	es melden sich kaum Verkäufer
Es gibt gute Verkäufer	Ich finde die Nadel im Heu-Haufen	Spannung/ Freude	Kontakte werden hergestellt	Ich finde gute Verkäufer

Einschränkende Überzeugungen

Notieren Sie fünf einschränkende Überzeugungen, die unerwünschte oder negative Konsequenzen für Ihr Leben hatten

1. Bsp.: Verkauf ist das schwierigste was es gibt.
2. Bsp.: Ich kann nicht nach dem Geld fragen
3. Bsp.: Ich bekomme zu wenig gute Adressen.
4. Bsp.: Ich kann den Kunden nicht schnell zum Abschluss bringen
5. Bsp.: Ich will es allen recht machen und kann nicht nein sagen.

Welche negativen Konsequenzen haben Sie schon durch diese Überzeugung erlebt?

1. Verkauf ist das schwierigste was es gibt.
- finanzielle Engpässe
- häufig Streit in der Partnerschaft
- kein Geld für Werbung
- fühle mich schlecht
2. Ich kann nicht nach dem Geld fragen.
- Kunde zögert
- Kunde geht wieder
- Verbringe viel Zeit mit den falschen Kunden
- Frust und Entmutigung
3. Ich bekomme zu wenig gute Adressen.
- kaum Kundenkontakte
- wenig Bestandsaufnahmen / Angebote
- keine Verkäufe
- Angst / Verzweiflung
4. Ich kann nicht die Abschlussfrage stellen
- Kunde geht zur Konkurrenz
- viel Energie und Arbeit
- kein Verdienst
- Unsicherheit Frust....
5. Ich will es allen recht machen und kann nicht nein sagen.

- ich mache zu viel auf einmal – (bin konfliktscheu)
- Verzettelung
- brauche viel Zeit dafür – Verspätung -
- Fehler sind nicht auszuschließen – kosten Geld – weniger Zeit für die Familie- Ärger-
- Unzufriedenheit (Ärger)

Schreiben Sie jede alte einschränkende Überzeugung auf, streichen Sie diese durch und halten Sie dann Ihre neue bestärkende Überzeugung auf dem Papier fest.

BEISPIEL:

Einschränkende Überzeugung – ~~Die alte Überzeugung lautet, das mein Gebiet schlecht ist.~~

Bestärkende Überzeugung – Mein Gebiet ist anders und ich werde mich darauf einstellen.

1. Verkauf ist das schwierigste was es gibt.
Verkaufen ist nicht einfach, aber ich werde meine Ziele erreichen.
2. Ich bekomme zu wenig gute Adressen.
Ich sorge selbst für Adressen.
3. Die Leute müssen Zeit zum Überlegen haben.
Die Leute brauchen keine Zeit zum Überlegen.
Die Beratung war so gut, dass sie guten Gewissens sofort unterschreiben können.

Ich berate so gut. Es ist alles geklärt und keine Fragen sind mehr offen. Es kann gleich unterschrieben werden.
4. Ich kann nicht die Abschlussfrage stellen.
Ich werde die Abschlussfrage stellen.
5. Ich will es allen recht machen und kann nicht nein sagen.
- Ich überlege erst was richtig ist.
- Ich sage erst zu wenn die Prioritäten festgelegt sind.
- Ich sage nein, wenn es nicht machbar ist
- Ich plane genügend Puffer ein – Zeitmanagement -

Nehmen Sie sich ausreichen Zeit für Ihre Analyse. Sie werden über die Ergebnisse überrascht sein.

Ruhe und Entspannung bringen bessere Ideen

Möglicherweise fragen Sie sich jetzt: "Was soll so ein Artikel in diesem Buch"?

Lassen Sie mich es einmal erklären.

Als ich so zwischen 25 und 35 Jahre alt war, war Entspannung oder Meditation kein Thema für mich. In diesen Jahren sind die meisten Menschen voller Power und meistens läuft alles rund oder nur leicht holprig im Leben. Später werden die Herausforderungen häufig größer. Jetzt ist Rat und Intuition gefordert um die Situationen zu meistern. Wenn man sich jedoch in der Tageshektik befindet (Hamsterrad) hat man meistens keine guten Ideen und es kommen häufig mehr schlechte Ereignisse auf einem zu.

In der Ruhe liegt die Kraft.

Machen Sie einfach einmal eine Woche lang eine leichte Übung: Setzen Sie sich an einen ruhigen Ort und sorgen Sie dafür das Sie 15 - 30 Minuten wirklich ungestört sind. Schließen Sie die Augen und denken Sie an nichts!!!

Das wird Ihnen am Anfang schwer fallen. Mit etwas Übung gelingt es Ihnen jedoch immer häufiger ruhiger zu werden. Wenn es nicht mehr geht hören Sie einfach vorher auf. Wenn Sie es wirklich jeden Tag machen, werden Sie sich über kleine Fortschritte freuen. Nach einer Woche werden Sie ruhiger sein und bessere Ideen oder Problemlösungen erhalten.

So jetzt bitte ausprobieren und abwarten was passiert.

Was ich von Wolfgang Mewes dem Begründer der Engpass konzentrierten Führungs- und Verhaltenslehre als Existenzgründer gelernt habe

Als ich mich nach zahlreichen Ausbildungen (Kfz-Mechaniker, Bürokaufmann, Fachkaufmann für Organisation und EDV-Betriebswirt) 1986 selbstständig gemacht habe, kamen viele Fragen auf mich zu.

Schon als Jugendlicher hatte ich den Wunsch einmal selbständig zu sein. Nach meiner Ausbildung zum EDV-Betriebswirt wagte ich gemeinsam mit meiner Frau Elisabeth den Sprung in die Selbstständigkeit. 1980 kam von IBM der PC auf den Markt. Die junge Computer-Branche war geboren. Mitte der 80er Jahre des vorigen Jahrhunderts war das ein idealer Zeitpunkt zum Einstieg in die Branche

Gestartet wurde aus einer Mietwohnung heraus. Wir importierten elektronische Bauteile für Personal-Computer hauptsächlich aus Taiwan und verkauften diese in Deutschland an die Zielgruppe Computer-Fachhändler.

Das Geschäft boomte und schnell mussten größere Räumlichkeiten gefunden und Mitarbeiter eingestellt werden.

Es kamen jedoch auch Fragen auf: Sollen wir auch an Endverbraucher verkaufen? Welche Produkte sind die richtigen? Was zeichnet einen guten Lieferanten aus? Wie wähle ich die richtigen Mitarbeiter aus? Wie führe ich Mitarbeiter? Wie mache ich erfolgreiches Marketing? Wie können wir am Telefon besser Verkaufen? Wie können wir unsere Organisation verbessern? Wie mache ich eine vernünftige Mitarbeiterbeurteilung die die Mitarbeiter auch motiviert? Von vielen Sachen hatte ich in meinen zahlreichen Ausbildungen natürlich noch nie etwas gehört.

Nach knapp zwei Jahren hatten wir die erste Umsatz-Million (DM) erreicht. Weitere folgten. Es folgte aber auch viel Stress und wenig Zeit für das gemeinsame Privatleben.

Es musste etwas her, was das Leben erleichterte und die Firma weiterhin nach vorne brachte. Gezielt suchte ich an Wochenenden in den großen überregionalen Zeitungen nach Hilfen.

Dann bin ich auf eine Anzeige von Wolfgang Mewes, dem Begründer der Engpasskonzentrierten Führungs- und Verhaltenslehre gestoßen. Der Titel der ganzseitigen Anzeige in der Frankfurter Allgemeinen war "Ihre Strategie ist falsch". Welche Strategie? Ich hatte ja gar keine. Das hat mit angesprochen und ich habe die ganzseitige Anzeige von vorne bis hinten genau studiert. Die Inhalte haben mich überzeugt und ich habe sofort den Fernlehrgang bestellt. Ab diesem Zeitpunkt habe ich zusätzlich zum Tagesgeschäft wieder einmal etwas studiert. Es war die "Kybernetische Managementlehre. Jeden Monat kam eine Lerneinheit mit Hausaufgaben die von einem Studienservice korrigiert wurde. Nach etwas mehr als einem Jahr habe ich dann auch die Abschlussprüfung mit Erfolg bestanden.

Jetzt begann eine spannende Zeit, denn ich konnte vieles was ich theoretisch gelernt habe, sofort in die Praxis umsetzen. Das tollste daran war der Spaß den ich hatte, wenn ich aufgrund der Erkenntnisse aus dem Lehrgang etwas geändert hatte und es tatsächlich positive messbare Ergebnisse gegeben hat.

Eine wichtige Erkenntnis war die Idee, unserer damaligen Zielgruppe praktische Marketinghilfen an die Hand zu geben. Die Überlegung war einfach: "Wenn unsere Kunden durch besseres Marketing mehr verkaufen, kaufen Sie bei uns auch mehr Produkte ein". Aus diesem Grund habe ich dann Kundenseminare für Marketing durchgeführt und einen speziellen

Marketingordner konzipiert. Daraus konnten unsere Kunden vorgefertigte Werbemittel wie Anzeigenvorlagen oder Mailingtexte nutzen. Es funktionierte und die Seminare machten mir viel Spaß.

In dieser Zeit kam mir der Gedanke noch tiefer in die Beratung meiner Zielgruppe einzusteigen, weil kaum ein Computer-Fachgeschäft damals ein vernünftiges Marketing machte bzw. eine Strategie hatte. Also wurde auch Strategie-Beratung angeboten.

Auf der technischen Seite vollzog sich Anfang der 90er Jahre des letzten Jahrhunderts der Trend, das die Computer immer leistungsfähiger wurden und auf einmal weniger elektronische Bauteile (Speichererweiterungen, Graphikkarten, Schnittstellen für Drucker etc.) benötigten. Alles war mittlerweile auf der Computerplatine schon vorhanden.

Das führte dazu das dann zum ersten Mal auch unsere Umsätze rückläufig wurden, weil wir uns zu sehr auf Produkte konzentriert hatten. Die technische Entwicklung hatte gegen uns gearbeitet.

Aus diesem Grund haben wir den Großhandel mit Computer-Zubehör eingestellt und uns nur noch auf die Strategie-Beratung von mittelständischen Unternehmen konzentriert.

Seit 1993 haben wir eine Vielzahl von Beratungen und Seminaren durchgeführt. Alle basieren auf der Engpasskonzentrierten Führung- und Verhaltenslehre von Wolfgang Mewes. Aus unseren Mandanten sind im Laufe der Zeit viele regionale und sogar bundesweite Marktführer geworden.

Die wichtigsten Dinge die ich in dieser Zeit gelernt habe und was ich auch heute noch anwende und jedem wirklich ans Herz legen kann:

1. Hören Sie auf Ihre innere Stimme und Intuition und folgen Sie dieser immer. (Falls der Weg in eine Sackgasse führt, müssen Sie Ihre

Einstellung/Überzeugung zu diesem Thema oder der Sache ändern, sonst kommt der Erfolg nie). Wie man das macht erfahren Sie später in diesem Buch..

2. Sorgen Sie dafür, dass Sie ein möglichst großes Ziel verfolgen an dem Sie quasi ein Leben lang arbeiten können.

3. Konzentrieren Sie sich auf möglichst eine Zielgruppe und werden Sie zum besten Problemlöser für diese Menschen.

4. Spezialisieren Sie sich niemals auf ein Produkt, sondern immer ein Problem welches die Menschen (Ihre Zielgruppe) hat.

5. Wenn Sie Ihr Ziel alleine nicht erreichen können, kooperieren Sie mit anderen zur Lösung des Problems Ihrer Zielgruppe.

6. Bleiben Sie immer am Ball, auch wenn es einmal nicht so gut läuft.

Mit diesem Buch möchte ich Existenzgründern, Jungunternehmern und gestandenen Unternehmern helfen, damit Sie noch erfolgreicher werden.

Entwicklung oder Verbesserung der eigenen Unternehmens-Strategie

Haben Sie auch schon einmal die Erfahrung gemacht, das Sie sich in bestimmten Bereichen verändert haben und dabei über sich hinausgewachsen sind? Sich Veränderungen zu stellen, sie anzunehmen und sie auch umzusetzen ist in der erfolgreicheren Unternehmensführung unumgänglich.

Um Veränderungen vorzunehmen muss ich schriftlich festgelegte Ziele haben. Um Erfolgs-Ziele zu haben muss ich erst einmal wissen was ich überhaupt mit meinem Unternehmen erreichen will, was sind die Stärken meines Unternehmens, was sind unsere potentielle Leistungen, die Problemerfahrungen, Leitbilder/ Wunschvorstellungen, unsere erfolgversprechendste Geschäftsfelder, Zielgruppe, Zielgruppenprobleme u.s.w.?

Fragen Sie mal erfolgreiche Unternehmer nach Ihrem jahrzehntelangem Erfolgsrezept. Ich habe es schon mehrfach getan. Alle haben die sinngemäß gleiche Antwort: die Ziele nie aus den Augen lassen, strategische Ausrichtung, bereit sein für Veränderungen, sein Tun immer wieder in Frage stellen und nach Verbesserungen suchen, sich von negativen Menschen und Nachrichten nicht beeinflussen lassen, seine Zielgruppe lieben und wissen was sie will und braucht.

Ist im Prinzip nichts besonderes, werden Sie jetzt denken. Sie haben recht, aber: arbeiten Sie strategisch, haben Sie Ihre Produkte/ Dienstleistungen auf eine Zielgruppe ausgerichtet, sind Sie offen für Veränderungen, haben Sie eigene Ziele/Meinungen, oder lassen Sie sich von Neidern, Tageszeitungen und Nachrichten aus der Bahn werfen?

Sollten Sie Ihre Unternehmensführung strategisch vertiefen oder sogar neu erarbeiten wollen, da Sie noch gar keine Unternehmens-Strategie haben, dann haben Sie die Möglichkeit sich in meinem Blog www.unternehmer-tipps.eu unter “Neukunden“ einige Anregungen zu holen.

Aufbau von strategischem Nutzen-Marketingkonzept

Als Unternehmer ist man ein Multitalent, dass kennen Sie sicherlich auch: Reklamationen, Mitbewerber Beobachtung, Lohn- und Gehaltsabrechnung, Steuern, Personal, Verkauf, Angebotsausarbeitung, Nachkalkulation, Marketing, Schulung ect.. Wo bleibt da die Zeit für ein Marketingkonzept? Da werden eben mal konzeptlos ein paar Anzeigen geschaltet. Ergebnis gleich NULL. Warum sollten sich die Leser ausgerechnet bei Ihnen melden? Die Zeitungen sind doch voll mit schön gestalteten Anzeigen. Haben Sie sich diese Frage auch schon einmal, oder sogar mehrmals gestellt, ohne darauf eine konkrete Antwort bekommen zu haben?

Sie glauben nicht was ich in den jahrzehntelangen Tätigkeit schon alles gehört habe: Werbung ist zu teuer, Werbung bringt nichts, Werbung ist rausgeschmissenes Geld, wenn schon Werbung dann muss es Hochglanz sein und teuer wirken, für so etwas habe ich kein Geld. Ich könnte noch ewig aufzählen. Interessant ist nur, das die Unternehmer mit solchen Äußerungen, sich noch nie die Zeit genommen haben für Ihr Unternehmen ein strategisches Nutzen-Marketingkonzept auszuarbeiten. Jetzt denken Sie sicherlich, dafür habe ich doch meinen Marketingmann. Dass ist richtig, der Marketingmann setzt das um was Sie ihm als Aufgabe beauftragen. Dass wiederum bedeutet, das Sie, und nur Sie alleine können Ihm Ihr firmenstrategisches Nutzen-Marketingkonzept offerieren und der Marketingmann setzt dieses graphisch um.

Neue Kunden zu gewinnen erweist sich in den meisten Märkten als schwierige und kostspielige Aufgabe. Erfolgreich Unternehmensführung bedeutet, alle Schritte zielgerichtet im Unternehmensprozess strategisch aufeinander abstimmen. Kostspielig ist Marketing wenn Sie nur eine reine Image-Werbung betreiben: Unsere Firma ist toll, spitze, klasse, groß, schön. Eigenlob ist zwar gut, davon hat aber der Kunde leider gar nichts, keinen Nutzen. Marketing kann sehr preiswert sein wenn Sie es nutzenorientiert aufbauen. Was hat der Kunde davon, warum soll er ausgerechnet bei Ihnen anrufen, wo doch 20-30 Firmen in derselben Zeitung inseriert haben. Nur weil Ihre Firma doch "ach so doll ist", sicherlich nicht. Bieten Sie den Interessenten etwas kostenloses an, eine kostenlose Beratung oder einen Ratgeber, etwas was der Kunde/Interessent gebrauchen kann, bevor er bei Ihnen einen Auftrag platziert. Wie heißt es so schön: "Erst geben dann nehmen". Machen Sie die Hürde, Ihr Unternehmen kennen zu lernen, so klein wie möglich.

Jetzt denken Sie sicherlich: "ist zwar alles gut und recht, nur da muss ich ja Tag und Nacht arbeiten". Ich kann Sie beruhigen, ganz so schlimm ist es nicht. Wir leben in einer elektronischen und automatisierten Welt, die meisten Vorgänge können Sie über Internet und E-Mail erledigen.

Bauen Sie sich systematisch einen Auftrags-Vorrat mit Abrufsystem auf. Dafür müssen Sie aber am Anfang bereit sein ein bisschen Zeit zu investieren, denn von nichts kommt nichts.

Mehr dazu können Sie unter www.kunden-sog-systeme.eu erfahren

Auftragsakquise und Neukundengewinnung

Mit vertretbaren Kosten müssen Interessenten gewonnen werden, aus denen dann Schritt für Schritt Kunden werden. Ein großer Vorrat an Interessenten, der ständig betreut wird, sichert langfristig das Überleben von jedem Bauunternehmen.

Wie kommt man günstig an neue Bauherren?

Bauunternehmer und Hausverkäufer stellen sich immer wieder die Frage: "Wie kommen wir günstig an neue Kunden?" Häufig sind sie mit den Ergebnissen von Messeteilnahmen, Zeitungsanzeigen, Flyerverteilungen, Internetportalen etc. nicht zufrieden, bzw. das Kosten- /Nutzenverhältnis ist viel zu hoch. Außerdem sind die Werbemaßnahmen oft nur kurzfristig ausgerichtet und die einzelnen Maßnahmen sind nicht langfristig aufeinander abgestimmt. Öfters blockieren auch Ängste oder hinderliche innere Überzeugungen in Bezug auf Marketing bessere Ergebnisse. Und zu guter Letzt sind Marketing und Verkauf auch nicht professionell auf einander abgestimmt.

Eindeutige Positionierung als Erfolgsgrundlage

"Warum soll ein Interessent gerade bei ihnen kaufen?" Wer als Bauunternehmer oder Massivhausverkäufer auf diese Frage keine gute Antwort hat, wird es in Zukunft sehr schwer haben. Was ist das Ziel des Unternehmens, oder was ist die Vision? Hier reicht als Antwort "Häuser verkaufen oder Geld verdienen" nicht aus. Ein Hausbauunternehmer muss von einer Vision angetrieben werden und zwar zu seinem Nutzen und zum Nutzen seiner Zielgruppe. Wer das nicht hat, verliert über kurz oder lang. Eine mögliche Vision ist zum Beispiel das Ziel der regionalen Marktführerschaft bei Energiesparhäusern für eine bestimmte Zielgruppe. Die Vision ist nach einer Analyse der eigenen Stärken zu entwickeln. Außerdem kann ein Bauunternehmen es nicht jeder Zielgruppe recht machen, ohne sich zu verzetteln und dabei auch noch Geld zu verlieren. Das bedeutet Konzentration auf deine bestimmte Zielgruppe (z.B. Akademiker, oder Haushalte mit bestimmten Einkommen), weil jede Zielgruppe andere Bedürfnisse hat. Danach ist eine überzeugende Problemlösung aus Haus und begleitenden Dienstleistungen zu entwickeln und anzubieten. Bundesweit erfolgreiche Massivhausanbieter praktizieren diese Vorgehensweise schon seit Jahren erfolgreich. Das können kleinere, regional tätige Bauunternehmen auch, um sich dauerhaft erfolgreich im regionalen Markt zu behaupten. Der größte Engpass hierzu ist, sich aus dem Tagesgeschäft herauszulösen und nicht im, sondern am Unternehmen zu arbeiten. Es gilt die eigene Attraktivität gegenüber einer definierten Zielgruppe, durch mehr Nutzen geben als der Wettbewerb, zu erhöhen. Erst wenn ein klares Nutzenkonzept vorhanden ist, wird zukünftig das regionale Marketing und der Vertrieb erfolgreich sein.

Herzstücke eines Kunden-Sog-Systems: der Ratgeber

Mit Speck fängt man bekanntlich Mäuse. Herzstück eines Kunden-Sog-Systems ist ein Ratgeber über z.B. "Fehler die Bauherren vermeiden sollten". Dieser Ratgeber wird zu einem kleinen Teil des üblichen Werbebudgets in Zeitungen und im Internet regional beworben. Auf einer speziell dafür eigerichteten Internetseite können die Interessenten den Ratgeber zu jeder Tages- und Nachtzeit kostenlos anfordern, gleichzeitig stimmt der Interessent dem Bezug eines Newsletters zu. Diese Zustimmung kann der Interessent jederzeit wieder aufheben. Im Gegenzug erhält das Bauunternehmen die E-Mailadresse und weitere Interessentendaten. Jetzt kann direkt telefonisch oder in bestimmten Zeitabständen automatisch per E-Mail mit dem Interessenten in Kontakt getreten werden. Diese E-Mails werden nicht als lästige Werbe-E-Mails empfunden, weil der Interessent dem Empfang ja selbst zugestimmt hat. Außerdem beinhalten die E-Mails nützliche Themen und Tipps rund ums Bauen und damit beschäftigt sich der Interessent ja gerade.

So wird nach und nach Vertrauen aufgebaut. Woche für Woche wächst dadurch die Anzahl der Interessenten, die dann durch die Verkaufsmitarbeiter professionell zu bearbeiten sind.

Warum Marketing- und Verkaufskennzahlen so wichtig sind

Wer kontinuierliche Auslastung und mehr Umsätze mit höheren Deckungsbeiträgen realisieren möchte, der muss seine entscheidenden Marketing- und Verkaufskennzahlen genau kennen. Das bedeutet, ein Bauunternehmer muss stets bemüht sein, dass folgende Verhältnisse ständig verbessert werden: 1. Werbekontakte zu Interessenten-Anfragen; 2. Interessenten-Anfragen zu Beratungs-Gesprächen; 3.Telefonate zu Terminen; 4. Beratungsgespräche zu Angeboten; 5. Angebote zu Aufträgen.

Mit diesen Fragen ermitteln Sie Ihre Engpässe in den verschiedenen Stufen des Marketing und Verkaufsprozesses: 1. Wie hoch ist die Anzahl der Interessentenanfragen auf Ihre Werbung (Zeitungsanzeigen, GoogleAdwords, Homepage, Flyer, Mailings etc. pro Tag, pro Woche, pro Monat)? Hier muss eine schriftliche Dokumentation erfolgen. 2. Ist eine schnelle Kontakt-Aufnahme per Telefon, E-Mail oder Brief in der täglichen Praxis gegeben, wenn sich ein Interessent meldet? 3. Wie viele Telefonate benötigen Sie um einen Termin zu bekommen? 4. Wird in Ihrem Unternehmen eine systematische schriftliche Bedarfsanalyse beim Erstgespräch durchgeführt? 5. Sind Ihre Angebote emotionalisiert und nutzenorientiert aufgebaut und bieten Sie immer drei Alternativen an? 5. Haben Sie ein System zur langfristigen Interessentenbetreuung? 6. Haben Sie ein System um aktiv Empfehlungen zu bekommen?

Auf diese Fragen brauchen Sie fundierte Antworten, damit an der richtigen Stelle des Marketing- und Vertriebsprozesses Verbesserungen durchgeführt werden können.

Warum die erfolgversprechendste Zielgruppe wie ein Sechser im Lotto ist?

Eine genaue Zielgruppenorientierung ist der wichtigste strategische Erfolgsfaktor. Sie können es sich nicht leisten Ihre Kräfte (Zeit und Geld) nach dem Gießkannenprinzip zu vergeuden. Ihre Produkte oder Dienstleistungen sind nicht für einen abstrakten Markt bestimmt, sondern stets für Menschen. Eine Zielgruppe sind Menschen mit gleichen Wünschen, Bedürfnissen oder Problemen.

Nur über den Dialog mit Ihrer Zielgruppe können Sie Ihre Leistungen zu konkurrenzlosen Spitzenleistungen ausbauen. Mit theoretischen Überlegungen am "grünen Tisch" werden Sie Ihre erfolgversprechendste Zielgruppe nicht finden. Und ohne ein Feedback werden Sie kaum ein maßgeschneidertes Angebot präsentieren können. Vergessen Sie nie: Ihre Leistung soll sich den Wünschen der Zielgruppe anpassen und nicht umgekehrt.

Die Zielgruppenorientierung löst einen Lernprozess aus. Sie erkennen die Veränderungen der Bedürfnisse, Probleme und Widerstände der Zielgruppe genauer und schneller als die Wettbewerber und sichern sich dadurch einen dauerhaften Wettbewerbsvorsprung. Umgekehrt lernt die Zielgruppe Ihre Leistungen besser kennen. Ohne diesen wechselseitigen Lernprozess entwickelt sich Ihr Bauunternehmen eher zufällig. Nur durch eine genaue Segmentierung Ihrer Zielgruppe finden Sie Ihre passende Marktnische. Je genauer Sie Ihre Zielgruppe definieren, desto eindeutiger können Sie Ihre Leistungen auf deren spezielle Bedürfnisse ausrichten. Das Echo Ihrer Zielgruppe steuert Sie automatisch in die erfolgversprechendste Marktnische. Ihre Zielgruppe ist wichtiger als Ihr Kapital.

Die immateriellen Vermögenswerte Ihres Unternehmens wie Wettbewerbsvorsprung, Kundenbindung, oder Marktmacht werden relativ schnell wachsen und damit den Ertrags- und Marktwert erhöhen. Ihr strategisches Ziel lautet: Werden Sie der führende regionale Nutzenbieter Ihrer Zielgruppe.

Wie Sie mit einem 3-fach-Angebot 20 - 40% mehr verkaufen

Aus wie vielen Alternativen kann ein Kunde bei Ihnen wählen, wenn Sie ihm ein Hausangebot machen? Erkennt er den Nutzen den Sie bieten? Weiß er welche möglichen Folgekosten auf ihn zu kommen?

In diesen drei Fragen steckt viel Verbesserungspotential für Ihre schriftlichen Angebote. Kalkulieren Sie für jedes Angebot immer 3 Alternativen, das heißt: ein Minimal-Angebot, ein Optimal-Angebot und ein Maximal-Angebot.

Das Minimal-Angebot ist das preiswerte Angebot, welches möglicherweise auch von einem Wettbewerber gemacht wird. Es ist die unterste Standard-Ausführung mit wenig oder keiner Dienstleitung (z.B. nur Energiesparhaus und Bausatz für einen Carport -ohne Anstrich)

.Das Optimal-Angebot ist die Version, wie es der Kunde beim Beratungsgespräch gewünscht hat (z. B. Energiesparhaus und Carport fertig aufgebaut - ohne Anstrich).

Das Maximal-Angebot in diesem Zusammenhang wäre der komplette Bau des Energiesparhauses und Bau des Carports mit Anstrich. Es gibt Menschen die nach einem Beratungsgespräch Ihre Wünsche noch nach oben verändern, weil neue Aspekte ihre Entscheidung beeinflussen. Zusätzlich sollten Sie den Nutzen (Folgewirkung) und zukünftigen Kosten (Folgekosten) ganz klar darstellen. Dadurch zeigt sich eine Minimal-Lösung möglicherweise nach einer Zeit schon teurer als die Optimal-, oder Maximal-Lösung.

Bei Preiskampfsituationen bleiben Sie mit dieser Methode immer im

Gespräch. Wenn z. B. Sie und zwei weitere Anbieter je ein Angebot abgeben, sind Ihre Chancen rein rechnerisch 1 : 3. Wenn Sie jetzt drei Alternativen beim Kunden abgeben kann der Kunde zwischen insgesamt 5 Angeboten wählen. Ihre Chance steigt dadurch auf 3 : 5. Das bedeutet zwischen 20 und 40 % mehr Aufträge. Werfen Sie einmal ein Blick auf Ihre Angebotsumwandlungsquote. Da ist sicherlich noch einiges zu verbessern.

Professionelle Verkaufsinstrumente

Beim persönlichen Kontakt mit den Interessenten zeigt sich, wie gut der Interessent Sie kennt und noch wichtiger Sie gewinnen sein Vertrauen und bekommen den Auftrag. Verkäufer suchen häufig nach einem "roten Faden" für den Verkauf. Hier ist er: 1. Schriftliche Bedarfsanalyse beim Kunden; 2. Einsetzen von Fragetechniken um die Wünsche und Bedürfnisse die hinter dem Hauskaufwunsch stehen zu ermitteln; 3. Einsatz von Nutzenargumentationen im Verkaufsgespräch; 4. Rhetorische Testabschlüsse durchführen; 5. Erstellung von schriftlichen 3-fach-Angeboten; 6. Gezielter Verkaufsabschluss beim dritten oder spätestens beim vierten Interessententermin; und 7. Nach Empfehlungen fragen.

Fazit

Ein regionales Kunden-Sog-System sorgt für kontinuierliche Interessentenanfragen, Woche für Woche, Tag für Tag.

Link: http://kunden-sog-system.eu/innovationspreis-it-best-of-2012-fuer-kunden-sog-system/

Fallbeispiel:

Erfolgreicher neue Kunden gewinnen als Bauunternehmer

Handwerksbetriebe müssen ständig an neue Kunden kommen, damit der Betrieb ausgelastet ist und seinen finanziellen Verpflichtungen fristgerecht nachkommen kann. Wenn die Neukundengewinnung einmal über einen längeren Zeitraum, aus welchen Gründen auch immer, nicht die erforderliche Anzahl an neuen Aufträgen einbringt, ist das Unternehmen schnell in seiner Existenz gefährdet. Jeder Unternehmer sollte sich intensiv mit dem Thema Marketing und Vertrieb auseinander setzten und sein individuelles regionales Marketing- und Verkaufssystem installieren.

Häufig sind die vorhandenen und eingesetzten Marketinginstrumente nur Insellösungen, weil Zeitungsanzeigen, Homepage und Prospektmaterial etc. zeitlich nach und nach entstanden und nicht aufeinander abgestimmt sind. Außerdem fehlt meistens auch eine konkrete Strategie und spezielles Know how für Marketing und Vertrieb, weil der Betriebsinhaber dafür keine Zeit hat, bzw. der Meinung ist, dass er keine Betriebsstrategie oder Differenzierungsmerkmale gegenüber seinen Wettbewerbern benötigt. Diese Überzeugungen vieler Betriebsinhaber ist auch die Ursache weshalb es für Sie immer schwieriger wird neue Kunden zu gewinnen. Nicht so bei Helmut Ecklkofer.

Die Ausgangssituation

Helmut Ecklkofer, Bauunternehmer aus Neuötting wollte nach der Übernahme des alt eingesessenen Familienbetriebs seiner Eltern weg vom Zufallsgeschäft, Austauschbarkeit, Preiskampf und teurem Marketing, hin zu einem konstanten Auftragseingang, damit er mehr Planungssicherheit für die Zukunft hat. Zufällig las er einen Artikel über Handwerksmarketing und nahm dann Kontakt mit uns auf, weil er eine regionales Kundengewinnungssystem für seinen Betrieb suchte.

Die Strategie

In einem Workshop wurde zunächst seine zukünftige Strategie entwickelt. Schritt für Schritt wurden Vor- und Nachteile abgewogen und unter anderem das Geschäftsfeld, die Zielgruppe und deren brennendstes Problem ermittelt. Das Ergebnis in Kurzfassung: Geschäftsfeld = individueller Eigenheimbau; Zielgruppe = Bauherren die das besondere Haus wollen ; brennendstes Problem = Vertrauensvolle Baupartner /Umsetzung der eigenen Vorstellungen / alles aus einer Hand / sorgenfreies Bauen; Lösung = das CITYBAU-System für Eigenheimbau.

Alleinstellungsmerkmal – Das CITYBAU-System

Die Basis für erfolgreiches regionales Handwerksmarketing liegt in der Differenzierung vom Wettbewerb und in der für die Zielgruppe wahrnehmbaren Kommunikation, sowie der Darstellung des Unterschieds zu den regionalen Wettbewerbern nach außen. Ein Handwerksbetrieb der eine qualitativ hochwertige Leistung oder ein hochwertiges Produkt anbietet, kann dies nur über Zusatzleistung – oder „PLUS-Leistung“ tun. Im anderen Fall muss er sich dem Preisdiktat der Markt- oder Kostenführer beugen.

Im Markt werden die unterschiedlichsten Eigenheimbauten wie: Systemhaus, Holzhaus, Ausbauhaus, Energiesparhaus, Massivhaus usw. angeboten. Diese haben wiederum unterschiedliche Kosten, Vor- und Nachteile. Ein Laie ist überfordert die Unterschiede zu erkennen und das für ihn beste Angebot zu wählen. Er ist den jeweiligen Anbietern ausgeliefert. Die von der CITYBAU GmbH angebotenen Plusleistungen bei Massivhausbauten sind vielfältig. Doch was nützt das, wenn es die potentiellen neuen Kunden nicht wissen?

Der Ratgeber

Um die Zielgruppe aufzuklären wurde für Helmut Ecklkofer ein aufwendiger Bau- Ratgeber geschrieben, welcher alles Wissenswerte über Eigenheimbau enthält. Es wurden alle Probleme die in Verbindung mit einer Eigenheimbau auftreten können aufgezeigt und die richtige Vorgehensweise beschrieben. Außerdem wurden die einzigartigen Service-Elemente der Firma CITYBAU GmbH als Komplett-Lösung vorgestellt. Dadurch wird die Messlatte für Wettbewerber sehr hoch gelegt und ein Vertrauensvorschuss für die CITYBAU GmbH erzeugt. Ohne dass Herr Ecklkofer persönlich aktiv geworden ist, wissen die potentiellen Neukunden, worauf sie bei einem Eigenheim Neubau achten müssen. Im Unterbewusstsein vergleicht er die einzigartigen Leistungen und den Service der Firma CITYBAU GmbH mit den Mitbewerbern. Durch die wertvollen Informationen im Ratgeber wird wichtiges Vertrauen bei der Zielgruppe aufgebaut.

Was der Kunde will

Ein Neukunde erwartet heute mehr als den Bau oder die Renovierung eines Hauses. Neben dem Preis ist der Service und der dadurch resultierende Nutzen für den Kunden, ein sehr wichtiges Entscheidungskriterium. Bei gleichem Preis also das Entscheidende. Interessant ist: bei besserer Leistung, für ihn größeren Nutzen ist der Kunde auch bereit einen höheren Preis zu bezahlen.

Vom Kunden finden lassen, wenn Bedarf da ist

Damit der potentielle Neukunde von dem Ratgeber erfährt müssen mindestens zwei Marketingkanäle genutzt werden: Google Adwords mit regionaler Begrenzung und Fließtextanzeigen gezielt platziert in Tageszeitungen. Diese preiswerte Form der Werbung sorgt nach und nach für einen unablässigen Strom von Anfragen für den Ratgeber.

Internet-Landingpage und E-Mail -Versand per Autoresponder

Der Versand des Ratgebers erfolgt automatisiert über eine Landingpage. Diese zusätzliche Homepage dient zur Gewinnung von potenziellen Neukunden-Daten und zum automatisierten Aufbau von Vertrauen durch den personalisierten Versand von E-Mails, welche zusätzliche wertvolle Informationen liefern. Ein Autoresponder ist eine Software die im Hintergrund alle E-Mail-Aktivitäten durchführt und dient auch als Datenbank. Der Interessent erhält innerhalb von wenigen Minuten den gewünschten Ratgeber rund um die Uhr per E-Mail. Das entlastet den Betrieb von Routineaufgaben und Kosten die durch den Postversand entstehen würden.

Vorabqualifikation der Interessenten

Per E-Mail erhält der potenzieller Neukunde auch einen Link zu einem Fragebogen im Internet zur Ermittlung von ersten Information über Wünsche und Vorstellungen. Dies spart viel Zeit und ermöglicht die Konzentration auf die erfolgversprechendsten Interessenten.

Das Erfolgssystem

Das Marketing-System: PLUS-Leistungen, Anzeigen, Landingpage, Ratgeber, E-Mails wird im Verkaufsprozess durch professionelles Verkaufen ergänzt. Die einzelnen Bestandteile sind: schriftliche Bedarfsanalyse, 3-fach-Angebot und ein professionelles Verkaufsgespräch mit Anwendung von Fraugetechniken, Nutzenargumentation, Einwandbehandlung und Abschluss.

Vorteil für Handwerksbetriebe

Ein einmal erstelltes regionales Kunden-Sog-System amortisiert sich schon nach wenigen Aufträgen. Außerdem gibt es bis zu 1.500,- € staatliche Zuschüsse für die Unternehmen. Ähnlich einem Perpetuum mobile erzeugt es Woche für Woche neue Anfragen von potenziellen Neukunden. So wird ein

Netzwerk von immer mehr neuen Kontakten automatisiert aufgebaut, welches ein immaterielles Vermögen für das Unternehmen darstellt. Das regionale Kunden-Sog-System kann über viele Jahre eingesetzt werden. Die Kosten für das Marketing sinken und die Anzahl von lukrativen Aufträgen erhöht sich.

Ergebnisse nach zwei Jahren Einsatz des Kunden-Sog-Systems

Jeden Tag mindestens ein potenziellen Neukunde, Verkaufsquote sehr zufrieden stellend, Auslastung des Betriebes über Jahre, erheblicher Rückgang der Werbekosten, Erreichung der regionalen Marktführerschaft. Während der diesjährigen Immobilienmesse Expo-Real in München wurde Herr Ecklkofer mit dem Preis „Immobilien-Marketing-Award 2010“ in der Kategorie „Lower /Small-Budget-Award“ geehrt. Honoriert wurde der Aufbau eines systematischen Konzepts zur Markterschließung und Erreichung der regionalen Marktführerschaft im Landkreis Altötting.

Fazit

Marketing-Insellösungen gehören der Vergangenheit an, weil sie zu teuer sind und zu wenig qualitativ hochwertige Rückläufer von Interessenten erzeugen. Handwerksbetriebe müssen umdenken und PLUS-Leistungen für die Wünsche und Bedürfnisse ihrer Zielgruppe konzipieren und ständig kommunizieren. So hebt sich ein Handwerksbetrieb im regionalen Markt vom Wettbewerb ab und sichert dadurch die Zukunft des Unternehmens und die Arbeitsplätze der Mitarbeiter.

Link:

kunden-sog-system.eu/neukundengewinnung_mit_kunden_sog_system/

Fallbeispiel regionales online Kunden-Sog-System als Finanz- und Versicherungsmakler

Herr Bögel (Name wurde geändert wegen Kopierschutz) ist seit ca. 15 Jahren als Finanz- und Versicherungsmakler in Süddeutschland tätig. Daher sollte man annehmen das er sich auf seinen Bekanntheitsgrad ausruhen kann. Dem ist es allerdings nicht so. Die Zeiten ändern sich rasant. Die Klienten werden anspruchsvoller, sie haben viel mehr Möglichkeiten sich im Internet zu informieren und den passendsten Makler auszuwählen.

Die Zeit ganz verschlafen hat auch Herr Bögel nicht. Er hat immerhin eine Homepage, die aber leider wie 95% der restlichen Internetpräsentationen nur als Imageseiten dargestellt sind. So dargestellte Seiten bringen keine neue Klienten. Diese Erfahrungen musste auch Herr Bögel machen. Auf der Suche nach Veränderungen ist er auf das regionale online Kunden-Sog-System gestoßen. Eine Seite auf der man sich nicht selber schönredet sonder den Interessenten zunächst einen Nutzen bietet. Das ist es, hat er sich gedacht, sich vom Mitbewerb abheben, in dem man auf die Bedürfnisse des Klienten eingeht und ihnen den größten Nutzen in der Region bietet.

Um auch alles richtig zu machen besorgte er sich noch die E-Books Ziele, Strategie und Marketing und Vertrieb.

Hier der Link zu den Büchern

http://kunden-sog-system.eu/vollpaket-band-12-und-3/

Die 10 Stufen der Neukundengewinnung als Finanz- und Versicherungsmakler

1. Herausstellen der Alleinstellungsmerkmale und des Kundennutzen
2. Offline-Marketing: Schaltung von regionalen Textanzeigen

3. Online-Marketing: Suchmaschinenoptimierung und regionale Google-Adwords-Anzeigen
4. Erstellung eines Ratgebers zu einem speziellen Zielgruppenproblem
5. Ratgeber kostenlos im Internet anbieten und automatisiert versenden
6. Mit 5-7 Folge-E-Mails und Newsletter mehr Vertrauen aufbauen
7. Persönlichen Kontakt herstellen
8. Bedarfsanalyse durchführen
9. 3-fach-Angebot erstellen
10. Abschluss / Auftrag machen

Mit 200,- € pro Monat Werbebudget Woche für Woche neue Interessenten gewinnen.

Häufig ist Werbung zu teuer und bringt zu wenig Anfragen. Gerade für Kleinunternehmer kostet es schon Überwindung für 300,- oder 500,- € eine Anzeige zu schalten und dann tritt der gewünschte Erfolg nicht ein. Das macht man ein oder zwei Mal und dann ist das Thema Werbung durch. Aber woher sollen neue Interessenten kommen? Es folgen ungeplante Hau-Ruck-Aktionen die auch wenig bringen. Wer zu lange mit der Neukundengewinnung warte verliert häufig auch Liquidität. Dann wird es besonders schwer mit der Neukundengewinnung.

Beim online Kunden-Sog-System ist das anders.

1. Die wöchentlichen regionalen Werbekosten liegen bei ca. 50,- € und bringen kontinuierlich neue Interessenten. Diese werden automatisert per E-Mail bearbeitet. Das bindet keine zusätzliche Arbeitszeit/Kosten.

Mit dieser Vorgehensweise und der Gewinnung von E-Mail-Adressen von Interessenten macht sich Herr Bögel unabhängig von der Platzierung bei Google und senkt seine Kosten für Marketing nachhaltig, weil mit der Zeit die

Aufträge zu einem großen Teil über die eigene E-Mail-Liste kommen. Die E-Mail-Adressen stellen einen großen immateriellen Wert für das Unternehmen dar, weil sich dahinter immer eine Chance auf Umsatz verbirgt. Und mit dem automatisierten dauerhaften Kontakt über E-Mails wird das für die Zukunft so wichtige Vertrauen bei der Zielgruppe aufgebaut, welche mit hoher Wahrscheinlichkeit zu neuen Aufträgen führt.

Fazit:

- die Möglichkeiten des Web 2.0 sind die Zukunft
- Vieles kann man selbst machen
- Das Kosten-/Nutzenverhältnis wird immer besser, je länger man Marketing mit eigenen E-Mail-Adressen betreibt

Wer die Möglichkeiten des Web 2.0 für seine regionale Kundengewinnung nutzen will, und sich nicht um die technischen Dinge kümmern will oder kann hat die Möglichkeit mit dem online Kunden-Sog-System kostengünstig zu starten.

Mehr Info:

http://kunden-sog-system.eu/online-kss/

Die 10 Stufen der Neukundengewinnung bei klein- und mittelständischen Unternehmen (KMU)

Viele Klein- und Mittelständische Unternehmen fühlen sich oft beim Thema Marketing und Vertrieb überfordert. Aus diesem Grund fehlt ihnen eine Strategie, um die erfolgsversprechenden Zielgruppenschichten zu erschließen - und damit beginnt der ungeliebte Preiskampf. Das regionale online KMU-Kunden-Sog-System® ist ein möglicher Ausweg.

Abb.: Hauptbestandteile eines Kunden-Sog-Systems

Die Entwicklung im Internet, speziell im Web 2.0 ist rasant. Facebook, Twitter und eigener Blog sollten, wenn es Sinn macht, auch genutzt werden. Doch Chefs von mittelständischen Unternehmen können nicht mehr alles wissen um die sich bietenden Möglichkeiten für ihre Zwecke optimal zu nutzen. Dadurch werden natürlich auch gute Chancen zu Kundengewinnung verpasst.

Viele Fragen stellen sich einem Unternehmer:

- Wie kann ich das Maximum aus meinem Werbebudget machen?

- Wie kann ich Aktualisierungen an Web-Site oder Blog selbst durchführen?
- Wie erstelle ich einen Blog?

- Wie erstelle ich einen Newsletter?

- Wie mache ich in 5 - 7 Schritten aus einem Interessenten einen Kunden?
- Wie kann man möglichst viele E-Mail-Adressen von potentiellen Kunden generieren?

Für den Erfolg einer Web 2.0 Marketing Strategie ist es erforderlich die 7 Stufen der Engpass konzentrierten Strategie durchgearbeitet zu haben. Darauf will ich an dieser Stelle nicht näher eingehen, weil es den Rahmen sprengen würde.

Wichtig ist das ein Unternehmen Alleinstellungsmerkmale bietet die dem Kunden echten Nutzen bringen.

Ziel ist es, dass man von seiner Zielgruppe über tatsächlich nachgefragte Begriffe (Keywörter) gesucht und gefunden wird. Mit dem kostenlosen Google Adwords-Tool kann man prüfen wie oft ein Keywort tatsächlich nachgefragt wird. Es macht keinen Sinn, wenn man z. Bsp. meint, dass die Zielgruppe nach dem Begriff "X" sucht und seine Webseiten danach optimiert, jedoch sucht die Zielgruppe tatsächlich nach dem Keywort "Y" .

Um bei den Suchmaschinen wie Google, Bing oder Yahoo auch gefunden zu werden ist es wichtig das Dokumente, Videos, Websites unter den tatsächlich nachgefragten Begriffen auch abgespeichert werden und dann zu eigenen Homepage oder Landingpage führen.

Eine reine Suchmaschinenoptimierung und Werbung über Google-Adwords reicht jedoch noch nicht aus. Es müssen regional auch noch spezielle Kleinanzeigen geschaltet werden um Besucher auf die Homepage / Landingpage zu bekommen.

Wenn ein Unternehmer mit seiner Werbung Erfolg haben will, muss er mit seiner Werbeaussage tief in die Gedankenwelt seiner Zielgruppe eindringen, er muss den Köder auslegen, damit der Interessent anbeißt. Und dieser Köder ist ein ganz spezieller Ratgeber mit 15 - 20 Seiten Inhalt. Dieser Ratgeber mit für den Interessenten wirklich wichtigen und neuen Informationen, kann kostenlos von einer Landing downgeloadet werden. Im Gegenzug gibt der Interessent seine E-Mail-Adresse und weitere Daten wie z.Bsp. Name, Vorname, Straße, PLZ, Ort und Telefonnummer.

Die 10 Stufen der Neukundengewinnung für KMU

1. Herausstellen der Alleinstellungsmerkmale und des Kundennutzen
2. Offline-Marketing: Schaltung von regionalen Textanzeigen
3. Online-Marketing: Suchmaschinenoptimierung und regionale Google-Adwords-Anzeigen
4. Erstellung eines Ratgebers zu einem speziellen Zielgruppenproblem
5. Ratgeber kostenlos im Internet anbieten und automatisiert versenden
6. Mit 5-7 Folge-E-Mails und Newsletter mehr Vertrauen aufbauen
7. Persönlichen Kontakt herstellen
8. Bedarfsanalyse durchführen
9. 3-fach-Angebot erstellen
10. Abschluss / Auftrag machen

Mit dieser Vorgehensweise und der Gewinnung von E-Mail-Adressen von Interessenten macht sich ein Unternehmen unabhängig von der Platzierung bei Google und senkt seine Kosten für Marketing nachhaltig, weil mit der Zeit die Aufträge zu einem großen Teil über die eigene E-Mail-Liste kommen. Die E-Mail-Adressen stellen einen großen immateriellen Wert für das Unternehmen dar, weil sich dahinter immer eine Chance auf Umsatz verbirgt. Und mit dem automatisierten dauerhaften Kontakt über E-Mails wird das für die Zukunft so wichtige Vertrauen bei der Zielgruppe aufgebaut, welche mit hoher Wahrscheinlichkeit zu neuen Aufträgen führt.

Fazit:

- keine Angst vor den Möglichkeiten des Web 2.0

- Vieles kann man selbst machen

- Das Kosten-/Nutzenverhältnis wird immer besser, je länger man Marketing mit eigenen E-Mail-Adressen betreibt

Lesen Sie hier was die Presse schreibt:

http://kunden-sog-system.eu/presse/

Verkaufstraining bringt bessere Abschlussquoten für Verkäufer

Wenn man als Verkäufer mehr verdienen will, muss die Abschlussquote sehr gut sein. Im Idealfall benötigt ein Verkäufer 2 oder 3 Verkaufsgespräche für einen Auftragsabschluss. Jeder Verkäufer sollte nach einem "Roten Faden" zielführend zum Abschluss hinarbeiten. Dazu sollte ein Verkaufstraining durchgeführt werden, weil sich sonst nicht zielführende Gewohnheiten in den Verkaufsalltag einschleichen.

In der Realität sieht es jedoch ganz anders aus. Je nach zu verkaufendem Produkt oder Dienstleistung werden schon einmal 20 bis 30 oder noch mehr Interessenten benötigt um einen Abschluss zu machen. Das kostet viel Zeit und ist vor allem frustrierend und demotivierend für den Verkäufer. Der Grund hierfür ist, dass die Verkaufsgespräche nur zu oft aus Sicht des Kunden nicht nutzenorientiert geführt werden. Dadurch erkennt er seine Vorteile nicht und er hat Zweifel an der angebotenen Dienstleistung oder dem Produkt.

Hier muss ein Umdenken bei vielen Verkäufern statt finden, hin zu einer Kommunikation bei der der Verkäufer das genaue Problem des Kunden ermittelt und dann seine passende Lösung präsentiert. Es gilt also für den Verkäufer herauszufinden, was die drei bis fünf aktuell brennendsten Probleme des Interessenten im Zusammenhang mit dem Angebot des Verkäufers sind. Für diese drei bis fünf Probleme muss der Verkäufer dann die richtigen Produktmerkmale mit Nutzen für den Kunden argumentieren. Im Verkaufstraining lernen Verkäufer wie man den Nutzen gegenüber dem Kunden formuliert.

Wie man das genau macht trainiere ich den Seminarteilnehmern in meinen firmeninternen Verkaufsseminaren. Jetzt gibt es für das individuelle Verkaufstraining ein Verkaufshandbuch in PDF-Form von mir.

In diesem Buch werden die für einen Verkäufer wichtigsten 3 Themenbereiche behandelt. Das erste Thema möchte ich Ihnen hier vorstellen.

Es lautet "Die geheimen Wünsche der Verkäufer"

Seit 1993 führe ich Verkaufsworkshops mit Teilnehmern aus den verschiedensten Branchen durch. Zu Beginn dieser Workshops stelle ich den Teilnehmern immer vier Fragen um mir ein Bild von der Gruppe machen zu können. Lesen Sie hier einmal die Fragen und die Antworten:

Frage 1: Über was ärgern Sie sich beim Verkaufen am meisten?

Verkaufstraining von Hausverkäufern

Antworten:
- Der Laptop funktioniert bei der Präsentation nicht.
- Nein-Sager
- Interessenten die nicht wissen was sie wollen.
- Zeitdiebe.
- Kaufängste bei Interessenten.
- Geldmangel.
- Meine schlechte Vorbereitung auf das Verkaufsgespräch.
- Meine eigene Angst.
- Störungen.
- Nicht ernst genommen zu werden.
- Fragen die ich nicht beantworten kann.
- Preisgespräche.
- Besserwisser oder Verschlossenen.
- Mein Redefluss.
- Zu technische Fragen.
- Eigene Fehler beim Verkaufsgespräch.

Frage 2: Was verkaufen angeht, hätte ich am liebsten dass...

Antworten:

- ich 100% Abschlussquote habe.
- alles für den Kunden machbar ist.
- ich mein Verkaufsgespräch zum Abschluss (Auftrag) bringen kann.
- ich die Mitbewerber „ausschalten“ kann.
- ich Vertrauen aufbauen kann.
- offener und fairer Umgang.
- Vereinbarungen eingehalten werden.
- ich überzeugende Angebote machen kann.
- meine Argumentation überzeugt.
- das ich schnell zum Abschluss komme.
- der Kunden genau weis was er will.
- die Kunden eine innere Überzeugung erhalten, nur bei mir zu kaufen.

Frage 3: Ich wünschte ich könnte...

Antworten:

- den Kunden und mich glücklich machen.
- schwierige Fragen der Kunden stets sicher beantworten.
- mit Einwänden und Vorwänden sicher umgehen.
- eine bessere Bedarfsermittlung machen.
- Kaufbegierde erzeugen.
- tatsächliche Gegebenheiten erkennen und richtig einschätzen.
- Kundenwünsche im Rahmen der finanziellen Möglichkeiten erfüllen.
- noch besser zuhören.
- Abschlussbereitschaft beim Kunden erkennen.
- mehr in Augen, Bewegung, Fragen, Gesten des Kunden lesen und mich dementsprechend verhalten.
- die Vorteile des Produktes und der Dienstleistung besser Kommunizieren.

- richtig telefonieren um Termine zu bekommen.
- Monat für Monat kontinuierlich Abschlüsse bekommen.

Frage 4: Beim Verkaufen ist mein größter Vorwurf an mich selbst.

Antworten:

- Ich habe zu wenig Interessenten-Adressen.
- Ich habe zu hohe Erwartungen.
- Ich bin zu ehrlich.
- Ich rede zu viel.
- Ich bin fachlich zu gut (detailverliebt) und werde vom Interessenten nicht verstanden.
- Ich reagiere in bestimmten Situationen nicht richtig.
- Ich baue ungewollt, oder leichtsinnig Verkaufsbremsen ein, weil ich zu viel rede.
- Ich biete Optionen an, die der Kunde gar nicht will.
- Ich bereite mich zu wenig auf das Verkaufsgespräch vor.
- Ich weiche von meinem Ziel ab.
- Ich stelle zu wenig Fragen.
- Ich meine Gespräche nicht zum Abschluss führe.
- Ich zu viele „schlafende Hunde“ wecke.
- Ich nicht hartnäckig genug bin.
- Ich zu wenig Termine bekomme.
- Ich meinen inneren Schweinehund nicht überwinde.
- Mich bremst etwas.
- Ich zu wenig Fachwissen habe.
- Ich warte zu lange auf den Abschluss.
- Ich bin zu weich.
- Ich lasse den Kunden manchmal zu lange an der „langen Leine“.
- Ich zu viele Vorurteile gegenüber dem Kunden einbringe.

Erkennen Sie sich teilweise wieder? Wenn Sie dieses Buch aufmerksam durcharbeiten und später auch immer wieder einmal zur Hand nehmen, werden Sie mit Sicherheit noch erfolgreicher verkaufen.

Wichtig ist das Sie aktiv werden. Von alleine kommt der Erfolg leider nicht. Nehmen Sie sich genug Zeit um die einzelnen Teile des Verkaufs-Handbuches aufmerksam durchzuarbeiten und probieren Sie Ihre neuen Erkenntnisse in der Praxis aus.

Fangen wir jetzt damit an zu analysieren, was Sie im Moment daran hindert noch erfolgreicher zu sein. Das wird spannend und öffnet die Augen.

Dieser erste Themenbereich ist nur ein Auszug aus dem E-Book gewesen. Falls Sie Ihre Abschlussquote verbessern und mehr über die richtige psychologische Einstellung als Verkäufer und den Ablauf eines erfolgreichen Verkaufsgesprächs wissen wollen empfehle ich noch das Video auf www.vertrieb-verkaufen.de

Geld vom Staat ohne Rückzahlung für Existenzgründer und klein- & mittelständische Unternehmen

Sie möchten für die Zukunft besser gerüstet sein, immer genügend Interessenten für einen gleichmäßigen Auftragseingang in der Pipeline haben und Ihre alte Marketing- und Verkaufsstrategie mit Hilfe vom Staat erneuern? Dies ist möglich. Der Staat fördert Existenzgründer und klein- & mittelständische Unternehmen, bei allen Maßnahmen der Unternehmensführung die zur Existenzsicherung beitragen.

Aus unserer langjährigen Erfahrung heraus haben wir das Kunden-Sog-System entwickelt, welches exklusiv ein Mal pro Landkreis und Branche vergeben wird. Bei bundesweit agierenden Unternehmen wird eine individuelle Lösung erarbeitet.

Sie können sich für Ihr Unternehmen das Kunden-Sog-System mit einem staatlichen Zuschuss in Höhe von 1.500,- € sichern. Hiermit haben Sie die einmalige Möglichkeit, sich von Ihrem Mitbewerbern in der Region, mit einer ausgefeilten Marketing- und Verkaufsstrategie abzusetzen. Wichtig: Sie müssen den Zuschuss nicht zurückzahlen, weil es kein Kredit sondern eine Unterstützung zur Unternehmensführung, Existenzsicherung und Verbesserung der Wettbewerbsfähigkeit ist. Die momentan gültigen Richtlinien zur Förderung von Unternehmensberatungen bei mittelständischen Unternehmen finden Sie im nächsten Kapitel dieses Buches.

Zuschüsse für kleine und mittelständische Unternehmen

Richtlinien über die Förderung unternehmerischen Know-hows für kleine und mittlere Unternehmen sowie Freie Berufe durch Unternehmensberatungen

vom 1. Dezember 2011 (BAnz. 189 S. 4411)

1. Zuwendungszweck, Zielgruppen, Rechtsgrundlage

1.1 Die Unternehmensberatung ist ein wichtiges Instrument, um durch die Verbesserung unternehmerischen Know-hows die Leistungs- und Wettbewerbsfähigkeit kleiner und mittlerer Unternehmen (KMU) sowie der Freien Berufe (im Folgenden "Unternehmen" genannt) zu steigern und die Anpassung an veränderte wirtschaftliche Rahmenbedingungen zu erleichtern.

Gefördert werden Beratungen von Unternehmen

- der gewerblichen Wirtschaft und der Freien Berufe,
- mit Sitz und Geschäftsbetrieb oder einer Zweigniederlassung in der Bundesrepublik Deutschland,
- die bei Beratungsbeginn mindestens ein Jahr am Markt tätig waren.

1.2 Um einen Anreiz zur Inanspruchnahme von externen Beratungen zu geben, können aus Mitteln des Bundes und des Europäischen Sozialfonds (ESF) Zuwendungen zu den Ausgaben für eine Beratung gewährt werden. Die Zuwendungen erfolgen auf der Grundlage der Hilfe zur Selbsthilfe nach Maßgabe dieser Richtlinien und der Allgemeinen Verwaltungsvorschriften zu §§ 23, 44 Bundeshaushaltsordnung (BHO) sowie des Operationellen Programms des Bundes für den ESF - Förderperiode 2007-2013 (CCI: 2007DE05U P001) -, der Verordnung (EG) Nr. 1083/2006 des Rates vom 11. Juli 2006 mit allgemeinen Bestimmungen über den ESF, der VO (EG) Nr.

1081/2006 des Europäischen Parlaments und des Rates vom 5. Juli 2006 über den ESF in der geänderten Fassung der VO (EG) Nr. 396/2009 sowie der VO (EG) Nr. 1828/2006 der Kommission vom 8. Dezember 2006 zur Festlegung von Durchführungsvorschriften in den geänderten Fassungen der VOen (EG) Nr. 846/2009 und Nr. 832/2010.

1.3 Auf die Gewährung der Zuwendungen besteht kein Rechtsanspruch. Die Bewilligungsbehörde (Nummer 9.4) entscheidet aufgrund ihres pflichtgemäßen Ermessens unter dem Vorbehalt der Verfügbarkeit der veranschlagten Haushaltsmittel.

1.4 Die Zuwendungen werden zudem auf der Grundlage der VO (EG) Nr. 1998/2006 der Kommission vom 15. Dezember 2006 über die Anwendung der Artikel 87 und 88 EG-Vertrag als „De-minimis"-Beihilfen gewährt.

1.5 Bei der Vergabe von Fördermitteln aus dem ESF beachtet die Bewilligungsbehörde (Nummer 9.4) die Chancengleichheit von Frauen und Männern sowie die Nichtdiskriminierung als Querschnittsziele des ESF.

2. Förderfähige Beratungsarten

Gefördert werden:

2.1 Allgemeine Beratungen

2.1.1 zu allen wirtschaftlichen, finanziellen, personellen und organisatorischen Fragen der Unternehmensführung sowie

2.1.2 zur Einführung oder Anpassung eines Qualitätsmanagementsystems im Unternehmen.

2.2 Spezielle Beratungen zu folgenden Thematiken:

2.2.1 Technologie- und Innovationsberatungen zur Klärung der Chancen und Risiken von Innovation und Anwendung neuer Produkte, Verfahren und Dienstleistungen.

2.2.2 Außenwirtschaftsberatungen zu den Absatzchancen von Produkten und Leistungen eines Unternehmens auf Auslandsmärkten.

2.2.3 Kooperationsberatungen zur zwischenbetrieblichen Zusammenarbeit, um Unternehmen in die Lage zu versetzen, ihre Innovationskraft und Leistung zu steigern.

2.2.4 Beratungen über betriebswirtschaftliche Fragen der Mitarbeiterbeteiligung im Unternehmen.

2.2.5 Beratungen von Unternehmen zur Fachkräftegewinnung und -sicherung durch demografieorientierte Personalkonzepte.

2.2.6 Beratungen zur Sicherung des Unternehmens gegen rechtswidrige oder schädigende Übergriffe und zur Regelüberwachung (Compliance).

2.2.7 Beratungen zum Arbeitsschutz.

2.2.8 Beratungen zur Vorbereitung der Unternehmensübergabe.

2.3 Besondere Beratungen, die schwerpunktmäßig den Förderzielen des ESF entsprechen:

2.3.1 Umweltschutzberatungen über alle zur Bewältigung der sich für ein Unternehmen zum Schutz der Umwelt ergebenden Fragen.

2.3.2 Beratungen für Unternehmen, die von einer Unternehmerin geführt werden, zu allen betriebswirtschaftlichen Fragen der Unternehmensführung.

2.3.3 Beratungen zur Einführung familienfreundlicher Maßnahmen in Unternehmen zur besseren Vereinbarkeit von Familie und Beruf.

2.3.4 Beratungen für Unternehmen, die von Migrantinnen oder Migranten geführt werden, zu allen betriebswirtschaftlichen Fragen der Unternehmensführung.

2.3.5 Beratungen von Unternehmen zur besseren Integration von Mitarbeiterinnen und Mitarbeitern mit Migrationshintergrund in den Betrieb.

1. *3. Nicht förderfähige Beratungen*

3.1 Nicht gefördert werden Beratungen,

3.1.1 die ganz oder teilweise mit anderen öffentlichen Zuschüssen inkl. Mitteln der Strukturfonds und des ESF finanziert werden (Kumulierungsverbot);

3.1.2 deren Zweck auf den Vertrieb von bestimmten Waren oder Dienstleistungen bzw. weiteren Beratungen gerichtet ist (Neutralität);

3.1.3 die überwiegend die Gestaltung und Erstellung von Werbematerialien (z.B. Briefpapier, Logos, Flyer) sowie von Internetseiten zum Inhalt haben;

3.1.4 die überwiegend Akquisitions- und Vermittlungstätigkeiten zum Inhalt haben;

3.1.5 die überwiegend Rechts- und Versicherungsfragen sowie steuerberatende Tätigkeiten zum Inhalt haben;

3.1.6 die überwiegend gutachterliche Stellungnahmen zum Inhalt haben;

3.1.7 von Unternehmen oder zu Inhalten, die gemäß Artikel 1 der VO (EG) Nr. 1998/2006 ausgeschlossen sind;

3.1.8 im Rahmen der Existenzgründung.

3.2 Eine Förderung ist ausgeschlossen, soweit das antragsberechtigte Unternehmen einen gesetzlichen Anspruch gegen einen Dritten auf thematisch vergleichbare Beratungen hat.

Weitere Informationen zum Förderprogramm sind unter www.beratungsfoerderung.info erhältlich.

Bis zu 1.500,- € können Unternehmen für die Entwicklung einer individuellen Unternehmens- und Verkaufsstrategie mit dem Kunden-Sog-System erhalten.

Firmenengpässe frühzeitig erkennen

Tiefgreifende Firmenanalyse mit dem Geschäftserfolgsdiagramm.

Mit der Firmenanalyse erhalten Unternehmer ein mächtiges Instrument, um strategische Fehlentwicklungen frühzeitig zu erkennen und Profitabilität, Wachstum und Wettbewerbskraft durch konkrete Maßnahmen zu verbessern.

Unternehmer verfügen mit so genannten "harten Daten" wie z. B. Umsatz und Gewinn über wichtige Indikatoren zur Bewertung des Unternehmenserfolgs. Doch Vorsicht, bis Kennzahlen mögliche Fehlentwicklungen aufzeigen, ist es häufig schon zu spät. Der wahre Zustand eines Unternehmens lässt sich zu großen Teilen nur aus -weichen Daten- ableiten: Wie laufen die internen Prozesse bei Service, Personalführung, Planung und Strategien, Verkaufsmanagement, Führung und Rechnungswesen? Wie nehmen Kunden, Partner und Mitarbeiter das Unternehmen wahr? Die frühzeitige Klärung dieser Frage kann für Unternehmer von existentieller Bedeutung sein. Ungenutzte Fähigkeiten, versteckte Fehlentwicklungen, unbekannte Verluste und entgangene Chancen sind -weiche Daten-, die sich mit zeitlicher Verzögerung auf Profitabilität, Wachstumstempo und Wettbewerbsfähigkeit auswirken. Der strategische Firmencheck ist eine sehr effektive Methode, um Unternehmen in Hinblick auf weiche Erfolgsfaktoren zu durchleuchten und daraus konkrete Maßnahmen abzuleiten. Welche Probleme sind in Wirklichkeit verborgene Schätze, die auf eine Erschließung warten? Wie können Stärken noch besser genutzt werden? Eine erfolgreiche Firmenanalyse amortisiert sich im Idealfall schon nach kurzer Zeit: Mehr Wettbewerbskraft und Gewinn.

Weitere Infos unter:
http://www.kunden-sog-system.eu/geschaeftserfolgsdiagramm

Mit sieben Schritten zu Neukunden in schwierigen Zeiten

Internet-Akquise-System für Unternehmen/Handwerksbetriebe

Es ist kein Geheimnis, dass in kleinen Unternehmen/Handwerksbetrieben ein professionelles Marketing oft nicht möglich ist, weil die Betriebsstruktur das nicht zulässt. Folge davon sind schwankende Auftragseingänge.

Ohne Strategie kein dauerhafter Erfolg

Zahlreiche Unternehmen/Handwerksbetriebe arbeiten schon seit vielen Jahren nach der "Engpasskonzentrierten Verhaltens und Führungsstrategie nach Wolfgang Mewes" und haben ihre Branchenprofilierung enorm gesteigert. Durch die neue Denkweise rückt der Interessent bzw. Kunde in den Mittelpunkt.

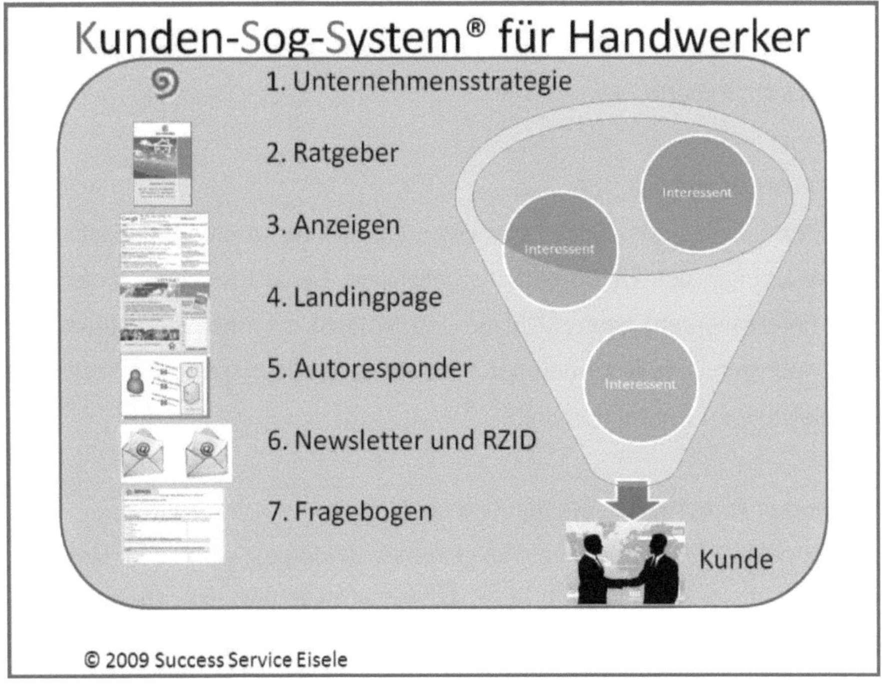

Abb.: Kunden-Sog-System® für Handwerker

Erprobte Marketing-Tools für Unternehmen/Handwerksbetriebe

Das Kunden-Sog-System bietet erprobte Marketing- und Vertriebswerkzeuge einschl. Controlling auf Internetbasis. Der Anwender wird von Marketingaufgaben eindrucksvoll entlastet und kann sich so ausschließlich auf seine Kunden und deren Wünsche konzentrieren. Wichtig: Zeitraubendes Nachfassen auf Werbeaktionen (Briefe, Telefongespräche oder E-Mails) werden beim Kunden-Sog-System automatisiert und kostengünstig per E-Mail über das Internet erledigt.

In sieben Schritten vom Interessenten zum Kunden:

1. Unternehmensstrategie entwickeln

Durch eine eindeutige strategische Positionierung findet jedes Unternehmen seine individuellen Stärken. Das ist die Grundlage für die Entwicklung von mehr Kundennutzen und der eindeutigen Positionierung bei der Zielgruppe als Spezialist/Experte.

2. Ratgeber-Broschüre

Eine spezielle Ratgeber-Broschüre wird auf Basis der Unternehmensstrategie und der Stärken des Unternehmens entwickelt. Diese Broschüre bietet dem Leser (Interessenten) echten Nutzen und ist nicht mit einer Imagebroschüre zu verwechseln. Das Unternehmen wird als Spezialist/Experte für bestimmte Dienstleistungen wahrgenommen.

3. Anzeigen in regionalen Medien und bei Google

In regionalen Zeitungen und im Internet (Google) wird der Ratgeber beworben. Diejenigen welche sich augenblicklich mit der Thematik des Ratgebers (z. Bsp.: Bauen eines Kfw-40 Hauses, oder energiesparender Hausumbau etc.) beschäftigen, fordern diesen Ratgeber auch an, weil sie das Thema interessiert und sie auch Bedarf an der Leistung des Betriebs haben.

4. Interessenten-Adressen gewinnen

In allen regionalen Medien wird eine neue Internet Landing-Page beworben. Diese spezielle Ein-Seiten-Internet-Homepage ist dafür da, Adressen von potentiellen Neukunden zu sammeln und den Ratgeber automatisch zu versenden. Innerhalb von wenigen Minuten verfügt der Interessent über die gewünschten Informationen.

5. Automatisierter E-Mail-Versand

Ein Autoresponder (spezielle E-Mailsoftware und Datenbank) erledigt im Hintergrund alle Aktivitäten (Versand Ratgeber und E-Mails). Damit wird automatisiert der Kontakt mit der Zielgruppe über Jahre realisiert. Kein potentieller Neukunde wird vergessen. Das Unternehmen wird von Routineaufgaben im Marketing und Verkauf entlastet.

6. Newsletter baut Vertrauen auf

Mit einem Newsletter informiert der Betrieb alle drei bis vier Monate über Neuigkeiten aus seinem Unternehmen. So wird der Kontakt mit dem Interessenten gehalten und Vertrauen aufgebaut.

7. Fragebogen im Internet ermittelt Kundenwünsche

Per speziell ausgearbeiteten Fragebögen im Internet wir eine Vorselektion der potentiellen Neukunden vorgenommen. Diese Informationen sind Gold wert, weil der Betrieb sich jetzt ein Bild von dem Interessenten machen kann und seine Bedürfnisse genauer kennt.

Persönlicher Verkauf

Ganz ohne persönlichen Einsatz beim Verkaufen von Handwerkerdienstleistungen geht es natürlich nicht. Nachdem der Kontakt über das Kunden-Sog-System hergestellt ist, folgt das aktive Verkaufen als nächster Schritt.

Fazit

Das Kunden-Sog-System führt dem Unternehmen Woche für Woche neue Interessentenanfragen zu. Die wichtigen Kommunikationsabläufe werden automatisch gesteuert und überzeugen durch niedrige Kosten und Effektivität. Besondere Systemmerkmale:

- Mehr Rücklauf als bei herkömmlichen Werbemaßnahmen
- Woche für Woche neue potentielle Neukunden
- potentieller Kunde erkennt das Unternehmen als Branchenspezialist
- Neue Aufträge/Kundengewinnung

Mit am Anfang, ein klein bisschen mehr Einsatz, kann jeder Unternehmer für sein Unternehmen in seiner Branche gegenüber den potentiellen Neukunden herausragende Zeichen als Spezialist setzen.

Das Geheimnis von verkaufsstarken Firmen-Webseiten

Beantworten Sie bitte einmal die folgenden Fragen ehrlich:

1. Wie viele Besucher hat Ihre Firmen-Webseite am Tag bzw. im Monat?
2. Wie viele Kontaktanfragen oder Verkäufe werden über Ihre Firmen-Webseite im Monat generiert?
3. Auf welcher Position stehen Sie mit Ihren wichtigsten Keywörtern bei Google?
4. Haben Sie das Gefühl, das Ihre Website erfolgreicher sein müsste, sie wissen jedoch nicht genau, was Sie tun müssen?

Damit eine Firmen-Webseite erfolgreich ist erfordert es die richtigen Maßnahmen für

- Besuchergenerierung
- Kontaktgenerierung
- Newslettermarketing
- Produkt- oder Dienstleistungsverkauf

Bereits eine Verbesserung um z. Bsp. 10 % bei den genannten Faktoren bringt schon wesentlich größere Erfolge.

Ein Beispiel:

Ist-Situation einer Firmen-Webseite

Besuchergenerierung: 15.000 pro Monat

Kontaktgenerierung: 10% Conversion

Erhaltene E-Mail-Adressen

für Newsletter: 1500

Verkauf: 10% (150 x Summe X) X = Preis

Umsatz: 150 x X

Verbesserung um 10 %

Besuchergenerierung: 16.500 pro Monat

Kontaktgenerierung: 10% Conversion

Erhaltene E-Mail-Adressen

für Newsletter: 1650

Verkauf: 11% (182 x Summe X) X = Preis

Umsatz: 182 x X

Die Ursachen dafür das viele Firmen-Webseiten nicht so erfolgreich sind im wesentlichen:

- bei der Erstellung der Webseiten wurde die Suchmaschinen-Optimierung vernachlässigt
- zu wenig Know how im Bereich Suchmaschinenoptimierung und Verkaufsprozesse
- kaum Besucher auf der Webseite
- die Inhalte geben dem Besucher zu wenig Nutzen / Content
- es wird kein Vertrauen aufgebaut
- der Besucher hat keinen Grund seine E-Mail-Adresse zu hinterlassen (nur Newsletter anfordern reicht nicht, da kein Nutzen)
- die Homepage ist nicht in einen Verkaufsprozess eingebunden
- Bilder und Graphiken sind nicht ansprechend

Der größte Fehler von vielen Firmenhomepages

ist das fehlende System für den Verkauf von Produkten oder Dienstleistungen. Im Durchschnitt benötigt man 7 - 12 Kontakte bis zum Kauf. Wie soll man das hinkriegen, wenn der Besucher bereits beim ersten Homepage-Besuch abspringt und keine E-Mail-Adresse hinterlässt. Gute Verkaufsergebnisse erreicht man nur mit einem automatisierten E-Mail-System in Kombination mit persönlichen Verkauf. Es müssen Problemlösungen angeboten werden, welche exakt den Kundenanforderungen entsprechen.

In 5 Schritten zum Kunden bei erklärungsbedürftigen Produkten und Dienstleistungen

1. Über Internetmarketing/Web 2.0-Aktivitäten den Interessenten auf eine Website bringen
2. Kurzes Video (2-3 Min.): Problem und Lösung anreißen (E-Mail-Adresse geben lassen um Link zu weiterführendem Video zu erhalten)
3. Langes Video (30 -60 Min.): Details preisgeben, Vertrauen aufbauen, Lösungskompetenz aufzeigen.

4. Fragebogen mit Einwilligung zum telefonischen Gespräch

5. Telefonisches Verkaufsgespräch / Angebot / Auftrag

Hier können Sie ein Beispiel dieser Vorgehensweise sehen: www.kunden-sog-system.eu

Schauen Sie sich ein Video an und führen Sie die Anweisungen aus. Sie kommen dann zu einem zweiten Video und zu einem Fragebogen.

Konkrete Tipps für verkaufsstarke Firmenwebseiten

- Bewerben Sie Ihre Webseite wo nur möglich (Zeitungsanzeigen, Plakate, Mailings, Google-Adwords etc.) bis Sie eine TOP 10 Position bei Google haben
- Bieten Sie Ihren Besuchern einen gratis Ratgeber, E-Mail- oder Video-Kurs an um an die E-Mail-Adresse des Besuchers zu kommen
- Installieren Sie einen Autoresponder um automatisiert E-Mails zu versenden und um Vertrauen bei der Zielgruppe aufzubauen

- Optimieren Sie Ihre Webseite, damit Sie eine TOP 10 Position bei den Suchmaschinen zu Ihren wichtigsten Keywörtern erhält um langfristig Werbekosten zu sparen
- Verbessern Sie die Inhalte Ihrer Webseite und bieten Sie konkreten Nutzen für Ihre Besucher
- Bauen Sie so viele Links wie nötig zu Ihrer Webseite auf

Ein externer Blick auf die Homepage ist ratsam, damit Ihre Investition in die Homepage und Ihre Werbemaßnahmen dafür auch gute Früchte tragen. Wir analysieren Ihre Website hinsichtlich Layout, verwendete Farben und Bilder, Zielgruppenansprache, Inhalte, Nutzenargumentation, Kontaktherstellung, Verkaufsprozess, Keywortanalyse, Überprüfung der METAG-TAG-Angaben und Verlinkung/Backlinks.

Hier finden Sie noch mehr Info:

http://kunden-sog-system.eu/homepageanylse-fur-mittelstandische-unternehmen/

Gesetzgeber-Unsinn – Ende des BDSG-Ultimatums zum 31.08.2012 für Unternehmer

Seit dem 01.09.2009 muss für Werbung per Post, E-Mail, Fax oder Telefon vorher eine Einwilligung des Empfängers eingeholt werden. Diese Einwilligung muss protokolliert werden. Altdaten waren bisher von dieser Regelung ausgenommen.

Die Regelung zu den Altdaten ist ab dem 01.09.2012 aufgehoben.

So müssen Unternehmen für alle Kundendatensätze nachweisen können, woher die Daten stammen und im Falle einer Überprüfung eine Dokumentation der Vorgehensweise und der jeweiligen Einverständniserklärungen vorlegen. Für den Empfänger soll transparent sein, welche Daten wozu gespeichert sind.

Jede Einwilligung muss protokolliert und gespeichert werden. Eine mündliche Einwilligung muss schriftlich bestätigt werden. Bei elektronisch gegebenen Einwilligungen muss sichergestellt werden, dass es auch wirklich der Empfänger war, der eingewilligt hat.

Das LG Essen (20.04.09, Az.: 4 O 368/08) hat bestätigt, das im E-Mail-Marketing das Double-Opt-in Verfahren dazu das geeignetste Verfahren ist.

Der Inhalt der Opt-In Protokollierung muss für alle Betroffenen jederzeit einsehbar sein und man muss diese Einwilligung jederzeit mit Wirkung für die Zukunft einfach widerrufen können.

Verstöße gegen das BDSG können von den Aufsichtsbehörden mit einer Geldbuße von bis zu 50.000 Euro geahndet werden (§ 43 Abs. 1 BDSG). In besonderen Fällen, etwa wenn Daten trotz Widerspruch des Betroffenen für Werbezwecke genutzt werden, kann sich das Bußgeld auf bis zu 300.000

Euro erhöhen. Da die Geldbuße den wirtschaftlichen Vorteil des Täters übersteigen soll, können diese Höchstgrenzen sogar noch überschritten werden.

Was bedeutet das genau für Sie?

Im Prinzip dürfen Sie keine Daten mehr ohne Einwilligung für Marketing (Telefon, Fax, E-Mail, Post) verwenden.

Sie müssen für jeden Datensatz den Sie als E-Mail versenden, jederzeit einen schriftlichen Nachweiss erbringen können (siehe oben)

- auf welcher Webseite sich der User angemeldet hat incl. des Datums

- wann er das Doppel Optin bestätigt hat

- diese Einwilligung müssen Sie als Person oder Unternehmen erhalten haben nicht ein Dritter, wie z.B. beim Einkauf von fremden Adresslisten

Im Mailresponder von unseren Kunden-Sog-Systemen® werden diese Daten in den Log-Daten und im Userdatensatz protokolliert und gespeichert. Diese Daten können jeder Email in Form von Platzhaltern hinzu gefügt werden. Damit sind Sie mit Ihren Werbemaßnahmen immer auf der sicheren Seite.

Diese Ausführungen sind keine Rechtsberatung sondern eine Information zur Nutzung unserer Dienstleistung.

Aufgrund dieser schon sich seit 2009 anbahnenden Situation muss sich jedes Unternehmen intensiv mit dem eigenen Marketing- und Vertriebsprozess auseinander setzen um nicht Gefahr zu laufen teure Abmahnungen bezahlen zu müssen.

Wer durch Kalt-Anrufe oder mit gekauften bzw. selbst erfassten E-Mail-Adressen wirbt, geht ab sofort ein hohes finanzielles Risiko ein, weil immer mit einer Abmahnung zu rechnen ist.

Xing Profil Kommunikation im Wandel der Zeit – XING als Werkzeug der Vertriebsanbahnung

Xing Profil Gastartikel von Robert Nabenhauer

Seit jeher basiert unsere Wirtschaft auf persönlichen Beziehungen. Ob Sie nun bei Ihrem Metzger einkaufen, bei Ihrem Stammlieferanten bestellen oder selbst Ihre Produkte anbieten – ohne Kommunikation kein Vertrauen, ohne Vertrauen kein Verkauf. Die zwischenmenschlichen Beziehungen aber haben sich innerhalb weniger Jahre grundlegend verändert, sind anders, aber nicht unpersönlicher geworden. Soziale Netzwerke wie XING spielen dabei eine zentrale Rolle. Ich möchte Ihnen heute dieses Business-Netzwerk vorstellen und Ihnen zeigen, wie Sie mit ihm neue Kunden finden und Ihre Beziehungen vertiefen können.

Hunderte von Kontakten – das ist in unserem Privatleben nichts Besonderes mehr. Facebook wird von knapp einer Milliarde Menschen genutzt - das entspricht einem Siebtel der Weltbevölkerung. Selbst weniger internetaffine Personen kennen dieses größte aller sozialen Netzwerke. Die ursprüngliche Zielgruppe - nämlich junge Menschen - ist fast vollständig innerhalb dieser „Welten“ aktiv, selbst bei älteren Semestern setzt sich die Online-Vernetzung immer weiter durch.

Für unser Berufsleben aber spielen diese Online-Plattformen nur eine sehr untergeordnete Rolle. Kaum ein Unternehmer beschäftigt sich ernsthaft mit sozialen Netzwerken – von der Öffentlichkeitsarbeit einmal abgesehen. Das Potenzial der Online-Plattformen ist damit aber noch längst nicht ausgeschöpft – und dies möchte ich Ihnen in diesem Artikel beweisen.

XING: Der Anzugträger unter den sozialen Netzwerken

Jedes soziale Netzwerk hat seine eigenen Regeln, stellt eine ganz eigene Umgebung dar. In Facebook, Google Plus und den anderen großen Plattformen sind alle vertreten: vom Schüler bis zum Rentner, vom Bauarbeiter bis zum Buchhalter und vom Minijobber bis zum Vorstandsvorsitzenden.

In XING aber sind vornehmlich Unternehmer, Freiberufler und Führungskräfte aktiv – Geschäftskunden eben. Für Sie und Ihr Unternehmen bedeutet das: 11 Millionen potentielle Kunden, davon alleine 5,5 aus Deutschland, Österreich und der Schweiz. Damit ist XING das größte deutschsprachige Business-Netzwerk.

Die Anmeldung ist grundsätzlich kostenfrei. Darüber hinaus stehen Ihnen aber drei kostenpflichtige Versionen der Plattform zur Verfügung, die alle ihre ganz eigenen Vorteile haben.

Die Basis-Mitgliedschaft (kostenlos)

Für alle Wenig-Nutzer und interessierte Neueinsteiger ist die Basis-Mitgliedschaft ideal. Sie erhalten vollen Zugang zum Portal, können neue Kontakte knüpfen und Ihre Beziehungen intensivieren. Auf ausgefeilte Suchfunktionen müssen Sie aber verzichten, auch können Sie beispielsweise keine Dateien in Ihrem Profil hinterlegen.

Die Premium-Mitgliedschaft (kostenpflichtig)

Momentan ist die Premium-Mitgliedschaft ab 3,95 € im Monat zu haben. Ihre Vorteile: Sie können nachvollziehen, wer Ihr Profil besucht hat – ein idealer Anknüpfungspunkt für eine Kontaktanfrage. Außerdem stehen Ihnen zusätzliche Suchfilter zur Verfügung und Sie können Nachrichten an Personen schreiben, die nicht Teil Ihres Kontaktnetzwerks sind.

Die Sales-Mitgliedschaft (kostenpflichtig)

Zusätzliche Tools für Vertrieb, Kundenverwaltung und Akquise - das verspricht die Sales-Mitgliedschaft. Mit mindestens 29,95 € pro Monat (12 Monate Laufzeit) schlagen diese neuen Funktionen zu Buche. Neue Suchmöglichkeiten erlauben es Ihnen, potentielle Kontakte einfacher zu finden und diese dann effektiver zu verwalten. Außerdem stehen Ihnen alle Funktionen der Premium-Mitgliedschaft zur Verfügung.

Die Recruiter-Mitgliedschaft (kostenpflichtig)

Für Personaler optimiert ist die Recruiter-Mitgliedschaft. Mit mindestens 39,95 € ist sie die teuerste XING-Variante, bietet dafür aber auch zahlreiche zusätzliche Suchfunktionen, mit denen Sie auf einfache Art und Weise passende Bewerber finden können. Haben Sie wenig Interesse an neuen Mitarbeitern, sollten Sie jedoch auf andere Mitgliedschaften ausweichen. Grundsätzlich ist die kostenlose XING-Variante bereits vollkommen ausreichend, um sich einen ersten Überblick über das Business-Netzwerk zu verschaffen. Möchten Sie XING aber effektiv für Ihre Vertriebsanbahnung einsetzen, dann empfiehlt es sich, einen Blick auf die Premium-Mitgliedschaft zu werfen.

Persönliche Beziehungen: Die effektive Vertriebsanbahnung mit XING

Doch wozu das alles, wozu monatlich 3,95 € investieren? Die Antwort: Mit XING können Sie wie mit keiner anderen Plattform ein optimales Beziehungs-Marketing realisieren. Dieses ist in seinen Grundmechanismen einfach nachvollziehbar und beruht auf Ihrem Kontaktnetzwerk, welches zugleich Ihre Quelle an neuen Kunden darstellt. Je größer jenes Netzwerk, umso mehr potentielle Kundenbeziehungen können sich daraus ergeben. Ihr Ziel muss es daher sein, Ihre Kontakte zu pflegen und zu intensivieren. So baut sich über Wochen, Monate und Jahre ein stabiles Vertrauensverhältnis auf – die ideale Grundlage für Ihre Verkaufsgespräche. Ihre Kontakte werden sich dann an Sie wenden, sobald sie Bedarf an Ihren Produkten beziehungsweise Dienstleistungen haben – und der Abschluss wird zur reinen Formsache.

Mit XING bedarf es nur weniger Mausklicks, um neue Kontakte zu finden und Ihre Beziehungen zu intensivieren. Zahlreiche Automatismen sorgen dafür, dass nicht nur Ihr Aufwand niedrig bleibt, sondern auch Ihre Kosten.

Drei Tipps für den Aufbau Ihres Kontaktnetzwerks

Abschließend möchte ich Ihnen noch drei Tipps vorstellen, mit denen Sie Ihr XING-Profil zu einem echten Kontaktmagneten machen können.

1. Profilieren Sie sich als Experte mit Ihrem Xing-Profil

Mit Fachleuten umgeben wir uns alle gerne – ob online oder offline. Machen Sie sich dieses Verhalten Ihrer Mitmenschen zunutze und werden Sie zum Experten – durch das Veröffentlichen eigener Publikationen, das Bereitstellen von Anleitungen oder durch Hilfestellungen in Foren und Blogs.

2. Bieten Sie Ihren Kontakten kostenlose Inhalte an

Sogenannte Informationshäppchen sind eine ideale Möglichkeit, um die Motivation potentieller Kontakte zu erhöhen, sich mit Ihnen zu vernetzen. Machen Sie nützliche Linksammlungen, Zusammenfassungen von Branchenneuigkeiten, Word-Vorlagen und Ähnliches ausschließlich Ihrem Kontaktnetzwerk zugänglich – und dies natürlich kostenlos.

3. Werden Sie zum Gruppen-Moderator

Gründer und Moderatoren von XING-Gruppen gelten als besonders einflussreich – und gerade das macht Sie für potentielle Kontakte so interessant. Achten Sie aber darauf, zu einem Thema nicht die gefühlt hundertste Gruppe zu eröffnen. Sie werden es sonst schwer haben, Mitglieder zu finden.

Werbung im Internet zur Neukundengewinnung erfolgreich machen, statt dauerhafter Geldvernichtung

Viele Unternehmen sind mit der Neukundengewinnung über ihre Werbung im Internet und anderen Werbemaßnahmen völlig unzufrieden. Hohe Kosten und kaum Neukunden. „Warum ist das so?“, fragen sich viele Selbstständige und vor allem „Wie kann ich es besser machen?“.

Tatsache ist heute, das die Rückläufer auf die meisten Werbeaktionen (z. Bsp. Anzeigen, Mailings, Internetseite etc.) im Promille-Bereich liegen. Beim Versand von 10.000 Briefen incl. Flyer entstehen gleich Kosten von 7.000 – 8.000,- €, oder mehr. Wenn dann nur 10 Rückläufer kommen ist das frustrierend und einfach nicht wirtschaftlich. Wie sieht die Alternative aus? Werbung im Internet ist die Alternative!

Der Unternehmer hat drei Möglichkeiten

Erstens: Er kann so weitermachen wie bisher und immer mal wieder einen Glückstreffer landen. **Zweitens:** Geld sparen und immer weniger Werbung machen und so das Überleben des Unternehmens riskieren. **Drittens**: Seine Produkte und Dienstleistungen für eine Zielgruppe optimieren und für eine erfolgreiche Nachfrage durch bessere strategische Positionierung mit weniger Marketing-Kosten sorgen. Einsatz professioneller Werbung im Internet.

Wie soll das funktionieren?

Wenn das so einfach wäre, warum macht das nicht jeder Selbstständige? Weil viele Selbstständige sich aufgrund des Tagesgeschäfts nicht die Zeit nehmen die Anziehungskraft auf ihre Produkte und / oder Dienstleistungen zu erhöhen, damit ein automatischer Sog auf diese erzeugt wird. Es ist ja auch viel leichter den Wettbewerbern etwas nachzuahmen, als eine komplett neue

Sog-Strategie zu entwickeln. Außerdem fehlt häufig das strategische Know-how, wie man Schritt für Schritt vor geht und **Werbung im Internet** betreibt.

Die neue Zielrichtung der Werbung im Internet

Werden Sie als Unternehmer der Leuchtturm in ihren Markt, der durch seine einzigartigen Produkte und / oder Dienstleistungen seiner Zielgruppe viel mehr Nutzen bietet als sie von den Wettbewerbern erhalten. So etwas spricht sich schnell herum und findet auch seinen Platz in den Medien und vor allem in Blogs und Foren im Internet. Dann macht sich Werbung im Internet fast von allein.

Professionelle Nutzung des Internets/Web 2.0

Die Zeiten einer einfachen Homepage mit Kontaktformular sind seit vorhanden sein der Möglichkeiten des Web 2.0 endgültig vorbei. Hier heißt die Erfolgsformel „indirekte Werbung“, und Nutzung des Sogs der Zielgruppe über die Suchmaschinen wie Google, Bing oder YAHOO. Menschen die Produkte oder Dienstleistungen suchen bedienen sich heutzutage der großen Suchmaschinen im Internet. Durch Eingabe des Suchbegriffes (Keywort) werden die relevantesten Suchergebnisse angezeigt. Hier muss man unter den Top 10 gelistet sein. Es gibt eine Reihe sinnvoller Möglichkeiten um gute Platzierungen bei den Suchmaschinen zu erhalten. Die bekannteste dürfte die Suchmaschinenoptimierung (SEO) von einzelnen Webseiten sein. Das reicht jedoch häufig noch nicht für den erfolgreichen Verkauf von Produkten oder Dienstleistungen. Es muss ein professioneller Verkaufsprozess für die jeweiligen Produkte oder Dienstleistungen installiert sein, weil häufig mehrere Kontakte mit einem Interessenten notwendig sind, bis dieser kauft. Doch woher weiß ein Unternehmen wer seine Web-Seite besucht hat und wie man die richtige Werbung im Internet macht? Kontaktformulare werden selten ausgefüllt, weil sich die Besucher erst einmal anonym informieren wollen. Anders ist es, wenn man auf der Web-Site z. Bsp. einen kostenlosen Ratgeber zum Download anbietet. Damit der Interessent den Ratgeber per E-Mail erhält muss er seine E-Mail-Adresse nennen und kann so später automatisiert bis zum Kauf kontaktiert werden.

Der eigene Blog ist die beste Werbung im Internet

Viele Firmen haben die geradezu genialen Möglichkeiten eines eigenen Blogs und der indirekten Werbung im Internet noch nicht erkannt. Kein anderes Medium bietet eine so tolle Möglichkeit der indirekten Werbung und des Vertrauensaufbaus. Die Vernetzung zwischen eigener E-Mail-Liste, Facebook, Xing, Twitter, Foren, Presseportalen etc. bringt ungeahnte Chancen für jedes Unternehmen. Hier können virale Effekte zur Vergrößerung der Bekanntheit gezielt eingesetzt werden. Das hilft enorm Werbekosten zu senken und den Verkauf zu erhöhen.

Zielgruppenbesitzer werden durch Werbung im Internet

Mittel und langfristig baut sich ein Unternehmen mit einer entsprechenden strategischen Positionierung automatisiert eine eigene große Datei mit Interessenten nur über das Internet auf und wird so völlig unabhängig. Außerdem kann das Werbebudget dadurch stark minimiert werden, weil man ja den direkten Kontakt zur Zielgruppe hergestellt hat. Ein E-Mail ist schnell erstellt, kostet kein Porto und kann innerhalb kürzester Zeit an tausende Interessent-en verschickt werden. Außerdem erhält man ein zeitnahes Feedback auf die jeweilige Aktion und das zum Null-Tarif.

Fazit

Werbung im Internet ohne richtige strategische Positionierung von Produkten und Dienstleistungen ist eine große Geldverschwendung und sorgt für viel Frust und Demotivation in Unternehmen. Wer seiner Zielgruppe die besten

Lösungen bietet wird automatisch weiterempfohlen und braucht sich um die Zukunft seines Unternehmens keine Sorgen machen. Wichtig ist es in die Tiefe der Zusammenhänge zu gehen und den Nutzen zu kommunizieren. Einmal in die eigene Strategie zu investieren rentiert sich mehr, als immer wieder hohe Werbebudgets mit geringen Erfolgen zu verabschieden. Das können sich nur große Konzerne erlauben, jedoch niemals kleine und mittelständische Unternehmen. Wer die Möglichkeiten des Web 2.0 kennt und richtig nutzt, kann viel Geld für Werbung sparen und automatisch neue Kunden gewinnen.

Schauen Sie sich dazu unter www.kunden-sog-system.eu/video.php auch das 23 Minuten Video an.

Abb.: Video Grundlagen des Kunden-Sog-Systems®

Online Kredit für Selbstständige von privat

Nicht mehr wegen jedem Cent bei der Bank ankriechen müssen um einen Kredit für Selbstständige zu bekommen.

Freiberufler und Selbstständige haben bei Banken oft eine schlechte Bonität, weil Sie ein schwankendes Einkommen haben. Das erschwert häufig den Zugang zu dringend benötigten Krediten. Alternative Finanzierungsmöglichkeiten sind gefragt und die bietet der Markt reichlich. Doch hierbei ist höchste Vorsicht geboten.

Schauen Sie sich einmal das Video von der ARD-Sendung Fakt an. Hier ist der Link:

http://unternehmer-tipps.eu/category/kredit-fuer-selbststaendige-von-privat/

Abb.: ARD Sendung FAKT zum Thema Kredite von Privat

Was tun wenn Sie einen Kredit als Selbstständiger benötigen?

Hüten Sie sich davor voreilig bei einem **Kredit für Selbstständige** auf „Kredit-ohne-Schufa"-Sofortauszahlungsangebote einzugehen. So was führt sie schnell in den finanziellen Ruin. Eine sicherere Alternative bieten da Online-plattformen für sogenannte „Kredite von Privat an Privat". Dort werden Kredite nicht etwa von Banken, sondern von privaten Anlegern vermittelt. Dies hat den Vorteil, dass keine Schufa-Abfrage zugrunde gelegt werden muss. Bei diesem Modell der Privatkredite stehen nicht die Zahlen und Fakten, sondern die persönliche Ebene im Vordergrund, da die privaten Anleger sehr interessiert daran sind zu erfahren, wofür ihre Investition benötigt wird. Dort werden Kreditprojekte immer von mehreren Anlegern, die Ihr Geld in kleinen Anteilen investieren, finanziert. Wenn Ihnen selbst dieses Modell der Kreditvermittlung zu unsicher ist, können sie natürlich immer noch Verwandte und Freunde um finanzielle Unterstützung bitten. Doch bedenken Sie: Wenn sie einen Kredit bei einem unabhängigen Unternehmen aufgenommen haben, findet die gesamte Abwicklung auf einer geschäftlichen Ebene statt. Dies ist bei Privatkrediten durch Freunde und Familie nicht so. Im Falle eines Zahlungsausfalles (was immer mal passieren kann, aufgrund unvorhergesehener Zwischenfälle), ist die Freundschaft schnell dahin. Denn jeder weiß: Bei Geld hört die Freundschaft auf auch bei einem *Kredit für Selbstständige*.

Wie funktioniert die Beantragung eines Kredits für Selbstständige?

Kreditsuchende, die *Kredite als Selbstständige* suchen, können ihr Gesuch als „Kreditprojekt" einstellen und Anleger können darauf bieten. Die Zeit, in der die Anleger auf ein Projekt bieten können beträgt mindestens 14 und höchst-ens 90 Tage. Ist ein Kreditprojekt nach der Mindestlaufzeit überzeichnet, so können sich die Anleger im „Reverse Auction Verfahren" im Zinssatz unter-bieten. Dieses System ähnelt dem des Auktionshauses eBay, nur dass hier das Gebot mit den niedrigsten Zinsen den Zuschlag erhält. In diesem gegen-seitigen Unterbieten sinkt der Zinssatz im Schnitt um 2,2 %. Die finanzielle Abwicklung übernimmt im Anschluss dann die Bank. Wurde ein Kreditprojekt auch nach der maximalen Kreditprojektlaufzeit nicht komplett finanziert, wird es aus dem Angebot genommen und es steht dem

Kreditnehmer frei, es nochmals einzustellen und den **Kredit für Selbstständige** zu beantragen.

Um einen Kredit aufzunehmen, muss ein Kreditnehmer folgende Voraussetzungen erfüllen: Er muss deutscher Staatsbürger zwischen 18 und 67 Jahren sein, einen festen Wohnsitz in Deutschland haben und Inhaber eines deutschen Girokontos sein. An Menschen mit sogenannten harten Negativmerkmalen darf kein Kredit vermittelt werden. Zu diesen Negativmerkmalen gehören eine Eidesstattliche Versicherung, ein Haftbefehl, Insolvenz oder offene titulierte Forderungen.

Laufzeit und Höhe des Kredits bestimmen

Will ein Kreditsuchender einen Kredit für Selbstständige aufnehmen, so muss er zunächst auf der Website ein Kreditprojekt erstellen. Hierbei darf er Höhe, Laufzeit und Zinssatz selbst bestimmen und begründend darstellen, wozu das Geld dienen soll. Für das Einstellen des Projektes wird dann eine Gebühr von 9,95 € für ein Standart-, oder 19,95 € für ein Premium Kreditprojekt fällig. Ein sogenanntes Premium Kreditprojekt hebt sich farblich in der Liste der Projekte ab und wird auch größer angezeigt. Damit soll die Aufmerksamkeit der Anleger in der Fülle der Kreditprojekte auf dieses gelenkt werden. Nach dem Einstellen kann für mindestens 14 Tage von den Anlegern auf das eingestellte Projekt eines Kredit für Selbstständige geboten werden.

Wie werden Anleger überzeugt?

Um die Anleger vom eigenen Konzept für einen **Kredit für Selbstständige** zu überzeugen, die aus einer Vielzahl von Projekten die Auswahl haben, hat der Kreditnehmer außer dem Erstellen eines Premium Kreditprojektes mehrere andere Möglichkeiten: Erstens sollte sein Kreditgesuch in angemessenem Deutsch formuliert sein. Auch Fotos des Kreditnehmers selbst und des Verwendungszwecks (z.B. einem Auto) erwecken Vertrauen und personalisieren das anonyme Medium Internet. Eine andere Methode ist das Erwerben und Veröffentlichen von sogenannten „Zertifikaten“ zum Ausweisen der Bonität. So hebt sich der Antragsteller für einen Kredit als Selbstständiger von den anderen ab.

Wenn zu viele Anleger auf ein Kreditprojekt eines *Kredits für Selbstständige* geboten haben, ist das Projekt „überzeichnet“. In diesem Fall beginnt eine sogenannte „Reverse Auction“. Hier unterbieten sich die Anleger im Zinssatz, zu dem sie ihr Geld anlegen. Derjenige, der sein Geld zu den niedrigsten Zinsen anbietet, bekommt den Zuschlag. In diesem Verfahren sinkt der Zinssatz im Schnitt um 2,2%. Ca. 14 Tage nach Ablauf des Projektes hat der Kreditnehmer das Geld auf seinem Konto und muss monatlich seine Raten an die Bank zahlen. Nach der Auszahlung erhält die Internetplattform 2,95% der Kreditsumme als Bearbeitungsgebühr. Außerdem fällt pro Jahr noch eine Jahreskontoauszugsgebühr für die Bank an.

Wenn nach Ablauf der 14-tägigen Mindestlaufzeit ein Kreditprojekt nicht erfolgreich finanziert worden ist, besteht die Möglichkeit die Frist bis auf höchstens 90 Tage zu verlängern. Jeder Tag, der verlängert wird kostet 1,00 € bzw. 2,00 € für das Premium Kreditprojekt. Wenn das Projekt auch nach 90 Tagen nicht finanziert wurde und der jeweilige Kreditnehmer Zertifikate erstanden hat, wird ihm das Geld für die Zertifikate zurückerstattet.

Seit August 2010 können Kreditnehmer, die mindestens 6 pünktliche Ratenrückzahlungen zu verzeichnen haben, ein Folgeprojekt einstellen, um einen weiteren Kredit zu bekommen. Bei erfolgreicher Finanzierung eines Folgeprojektes wird der „alte“ Kredit vollständig abgelöst.

So kann man Geld zu höheren Zinsen als bei Banken anlegen

Um Geld zu investieren, muss ein Anleger folgende Voraussetzungen erfüllen: Er muss volljährig sein, über eine deutsche Bankverbindung verfügen und im Besitz einer gültigen Kreditkarte sein. Anlegen kann man ab einem Betrag von 50,00 € in Projekte, die einen besonders interessieren, oder als sehr vertrauenswürdig erscheinen. Dabei wird geraten, das angelegte Geld auf möglichst viele verschiedene Projekte zu zerstreuen, damit im Falle eines Totalausfalls der Verlust für den Anleger nicht so groß ist. Jeder Anleger hat somit seinen eigenen sogenannten „Sicherheitspool". Das bedeutet jeder Anleger ist im Falle eines Totalausfalls von Projekten nur für sich selbst verantwortlich. Sollten andere Anleger bei einem Projekt beispielsweise nicht ihren Anteil zahlen wollen, muss der einzelne Anleger nicht für diese haften. Die Projekte der Kreditnehmer, welche viele Zertifikate zur Darstellung der Bonität erworben haben, gelten im Allgemeinen als die „sichersten" Anlagemöglichkeiten.

Wurde ein Projekt, auf das man als Anleger geboten hat voll finanziert und es gibt zu viele Anleger für dieses Projekt, so kann mittels Reverse Auction der Zinssatz gesenkt werden. Der Anleger, der dabei den niedrigsten Zinssatz bietet, bekommt dann den Zuschlag. Nach Finanzierung eines Projektes zieht die Bank das angelegte Geld bei den Anlegern ein und überweist dann monatlich die Raten inklusive Zinsen zurück. Für einen Anleger sind alle Aktionen kostenlos, außer der Anlagebetreuung pro Kreditvergabe, welche 1% der Anlagesumme, also mindestens 1,00 € beträgt.

Printed by Books on Demand GmbH, Norderstedt / Germany